三门祭冬

三门祭冬

总主编 褚子育

浙江省非物质文化遗产代表作丛书

浙江摄影出版社

陈澍冰 戴思佳 陈建华 编著

浙江省非物质文化遗产代表作丛书编委会

（第四批国遗项目）

总序

中共浙江省委书记
浙江省人大常委会主任 车俊

非物质文化遗产是一个民族的精神印记，是一个地方的文化瑰宝。浙江作为中华文明的重要发祥地，在悠久的历史长河中孕育了璀璨夺目、蔚为壮观的非物质文化遗产。隆重恢弘的轩辕祭典、大禹祭典、南孔祭典等，见证了浙江民俗的源远流长；引人入胜的白蛇传传说、梁祝传说、西施传说、济公传说等，展示了浙江民间文学的价值底蕴；婉转动听的越剧、绍剧、瓯剧、高腔、乱弹等，彰显了浙江传统戏剧的独特魅力；闻名遐迩的龙泉青瓷、绍兴黄酒、金华火腿、湖笔等，折射了浙江传统技艺的高超精湛……这些非物质文化遗产，鲜活而生动地记录了浙江人民的文化创造和精神追求。

习近平总书记在浙江工作期间，高度重视文化建设。他在“八八战略”重大决策部署中，明确提出要“进一步发挥浙江的人文优势，积极推进科教兴省、人才强省，加快建设文化大省”，亲自部署推动一系列传统文化保护利用的重点工作和重大工程，并先后6次对非物质文化遗产保护作出重要批示，为浙江文化的传承和复兴注入了时代活力、奠定了坚实基础。历届浙江省委坚定不移沿着习近平总书记指引的路子走下去，坚持一张蓝图绘到底，一年接着一年干，推动全省文化建设实现了从量的积累向质的飞跃，在打造全国非物质文化遗产保护高地上迈出了坚实的步伐。已经公布的四批国家级非物质文化遗产名录中，浙江以总数217项蝉联"四连冠"，这是文化浙江建设结出的又一硕果。

历史在赓续中前进，文化在传承中发展。党的十八大以来，习近平总书记站在建设社会主义文化强国的战略高度，对弘扬中华优秀传统文化作出一系列深刻阐述和重大部署，特别是在十九大报告中明确要求，加强文物保护利用和文化遗产保护传承。这些都为新时代非物质文化遗产保护工作指明了前进方向。我们要以更加强烈的文化自觉，进一步深入挖掘浙江非物质文化遗产所蕴含的思想观念、人文精神、道德规范，结合时代要求加以创造性转化、实现创新性发展，努力使优秀传统文化活起来、传下去，不断满足浙江人民的精神文化需求、丰富浙江人民的精神家园。我们要以更加坚定的文化自信，进一步加强对外文化交流互鉴，积极推动浙江的非物质文化遗产走出国门、走向世界，讲好浙江非遗故事，发出中华文明强音，让世界借由非物质文化遗产这个窗口更全面地认识浙江、更真实地读懂中国。

现在摆在大家面前的这套丛书，深入挖掘浙江非物质文化遗产代表作的丰富内涵和传承脉络，是浙江文化研究工程的优秀成果，是浙江重要的"地域文化档案"。从2007年开始启动编撰，到本次第四批30个项目成书，这项历时12年的浩大文化研究工程终于画上了一个圆满句号。我相信，这套丛书将有助于广大读者了解浙江的灿烂文化，也可以为推进文化浙江建设和非物质文化遗产保护提供有益的启发。

前 言

浙江省文化和旅游厅党组书记、厅长 褚子育

“东南形胜，三吴都会，钱塘自古繁华。”秀美的河山、悠久的历史、丰厚的人文资源，共同孕育了浙江多彩而又别具特色的文化，在浙江大地上散落了无数的文化瑰宝和遗珠。非物质文化遗产保护工程，在搜集、整理、传播和滋养优秀传统文化中发挥了巨大的作用，浙江也无愧于走在前列的要求。截至目前，浙江共有8个项目列入联合国教科文组织人类非遗代表作名录、2个项目列入急需保护的非遗名录；2006年以来，国务院先后公布了四批国家级非物质文化遗产名录，浙江217个项目上榜，蝉联“四连冠”；此外，浙江还拥有886个省级非遗项目、5905个市级非遗项目、14644个县级非遗项目。这些非物质文化遗产，是浙江历史的生动见证，是浙江文化的重要体现，也是中华优秀传统文化的结晶，华夏文明的瑰宝。

如果将每一个“国家级非遗项目”比作一座宝藏，那么您面前的这本“普及读本”，就是探寻和解码宝藏的一把钥匙。这217册读本，分别从自然环境、历史人文、传承谱系、代表人物、典型作品、保护发展等入手，图文并茂，深入浅出，多角度、多层面地揭示浙江优秀传统文化的丰富内涵，展现浙江人民的精神追求，彰显出浙江深厚的文化软实力，堪

称我省非遗保护事业不断向纵深推进的重要标识。

这套丛书，历时12年，凝聚了全省各地文化干部、非遗工作者和乡土专家的心血和汗水：他们奔走于乡间田野，专注于青灯黄卷，记录、整理了大量流失在民间的一手资料。丛书的出版，也得到了各级党政领导，各地文化部门、出版部门等的大力支持！作为该书的总主编，我心怀敬意和感激，在此谨向为这套丛书的编纂出版付出辛勤劳动，给予热情支持的所有同志，表达由衷的谢意！

习近平总书记指出："每一种文明都延续着一个国家和民族的精神血脉，既需要薪火相传、代代守护，更需要与时俱进、勇于创新。"省委书记车俊为丛书撰写了总序，明确要求我们讲好浙江非遗故事，发出中华文明强音，让世界借由非物质文化遗产这个窗口更全面地认识浙江、更真实地读懂中国。

新形势、新任务、新要求，全省文化和旅游工作者能够肩负起这一光荣的使命和担当，进一步推动非遗创造性转化和创新性发展，讲好浙江故事，让历史文化、民俗文化"活起来"；充分利用我省地理风貌多样、文化丰富多彩的优势，保护传承好千百年来文明演化积淀下来的优秀传统文化，进一步激活数量巨大、类型多样、斑斓多姿的文化资源存量，唤醒非物质文化遗产所蕴含的无穷魅力，努力展现“浙江文化”风采，塑造“文化浙江”形象，让浙江的文脉延续兴旺，为奋力推进浙江“两个高水平”建设提供精神动力、智力支持，为践行“‘八八战略’再深化，改革开放再出发”注入新的文化活力。

目录

总序
前言

序言
一、概述
[壹]三门祭冬的历史渊源 / 009
[贰]三门祭冬的地理与人文环境 / 015
二、三门祭冬的内容与形式
[壹]三门祭冬的场所 / 036
[贰]三门祭冬的仪式 / 043
[叁]三门祭冬的祭品与摆设 / 068
[肆]三门祭冬的配乐 / 076
三、三门祭冬的礼仪与禁忌
[壹]三门祭冬的礼仪 / 084
[贰]三门祭冬的禁忌 / 091
四、三门祭冬的文化价值
[壹]三门祭冬的历史地位 / 096
[贰]三门祭冬的现实意义 / 099
五、三门祭冬的传承与保护
[壹]存续状况 / 104
[贰]保护措施 / 118
附录
后记

序言 // PREFACE

三门东临三门湾之壮阔，西枕湫水山之俊秀，襟山带海的自然环境，孕育了三门山海兼具的乡土文化特质，也使三门祭冬这一习俗传承至今。

三门祭冬是三门县杨家村等在冬至节举行的拜冬祭祖民俗活动，由取长流水、祷告祈天、寻根祭祖、演祝寿戏、行敬老礼、设老人宴及与之相关的民俗文化组成。三门祭冬具有鲜明的地域文化特色，是延续至今的冬至节气民俗活动的代表，祭冬深切地表达了人们对天地自然与祖先的感恩之情，传达尊祖聚族的人伦大义，凸显崇尚祖德、尊老爱老的道德理念，实现聚族睦亲和谐相处的根本目的。三门祭冬为人类非遗代表作之一“二十四节气”的重要组成部分。

一直以来，三门县高度重视非物质文化遗产的传承发展，坚持“保护为主、抢救第一、合理利用、传承发展”的工作方针，对“三门祭冬”项目开展调查研究、探索实践、继承创新等工作，不断完善名录体系建设，成立了中国冬至文化研究中心，积极打造非遗主题小镇，努力将三门打造成为二十四节气保护的标志地。

《三门祭冬》一书，集资料性和可读性于一体，系统阐述了三门祭冬的发展历程和民俗风情，详细展示了三门文化的鲜明特色和深刻内涵。本书的出版，为三门祭冬的保护传承提供了良好契机，对进一步认识三门的悠久历史文化、激励今人热爱家乡、推动乡村振兴发展具有一定的作用。

三门祭冬是乡土文化的一块瑰宝。我相信，通过对以三门祭冬为代表的非物质文化遗产的传承、保护和发展，一定会唤起人们对美丽乡愁的无限眷恋，掀起三门文化大发展大繁荣的热潮。

是为序。

中共三门县委书记

國
泰
民

一、概述

三门一地，从新石器时代开始就有人类在此繁衍生息，经过长期的发展，逐渐形成了自己独特的民风民俗、民间信仰、价值观念、心理性格和生活方式。列入第四批国家级非物质文化遗产代表性项目名录的『三门祭冬』历史悠久，民俗积淀深厚，农耕文明特点显著，是三门民间最具代表性的传统风俗之一。

一、概述

“为政必先究风俗”，古代的天子或君王无不重视民间风俗，观一地风俗之优劣，便知其地吏治之清明与否，这与治国之事可以相提并论，故“观风俗”乃王者之事。

民间风俗起源于人类社会群体生活的需要，在特定的民族、时代和地域中不断形成、扩大和演变，是广大民众在长期生产生活中所创造、享用和传承的群体内模式化的生活文化，是人类在长期的社会生活中形成的关于生老病死、衣食住行乃至宗教信仰、巫卜禁忌等内容广泛、形式多样的行动规范，是人类社会相沿积久而形成的社会风尚、礼仪、习俗等的合称。

三门风俗作为中华风俗的有机组成部分，既有与全国各地风俗基本相同的一面，又有一定的地域特色。其同一性，源于与中原文化长期、全面的交流与融合；其地域性，源于三门自身的自然环境以及历史、社会等多方面因素。

三门民间风俗文化之灿烂、丰富，值得大书特书，但最值得说道的是关于冬至的风俗。

冬至是中国农历二十四节气中非常重要的一个节气，也是中华民族的传统节日，时间在每年阳历12月21日至23日之间，古人认为这天是阴尽阳至、万物复苏的日子。早在二千五百多年前的春秋时代，我国已经用土圭观测太阳测定出冬至的来临。冬至是二十四节气中最早制订出的一个，居二十四节气中的二十二位，属节气中的中气。冬至不会早于或晚于农历十一月份，但可能会在月头、月中或月尾。三门就以冬至处于何时来预测冬天的寒冷程度，故农谚曰："冬至月头，卖被买牛（冬暖）；冬至月中，日风夜风（风雪多）；冬至月尾，卖牛买被（冬冷）。"

《汉书·律历志》把冬至排列在二十四节气之首，从律历角度视冬至为岁首，其根据是冬至日"昼露极短，去极极远，晷景极长"，也就是说，冬至是白天时间最短、夜晚时间最长、晷（古代用来观测日影的仪器）上日影拖得最长的一天，也是一年当中白天将放长、夜晚将缩短的第一天。对此，三门民间有两句民谚，说得很形象。一是"要嬉夏至日，要困冬至夜"；二是"吃过冬至饭，一天长一线"，就是说冬至一过，日子开始放长，绣花的姑娘每天可以多缝一根线。

冬至时北半球正午太阳高度达到一年中最低，日照时间最短，但是地面吸收的热量仍然比散失的热量多，冬至后便开始"数九"，每九天为一个"九"。到"三九"前后，地面积蓄的热量最少，天气也最冷，天文学上把冬至视为冬季的开始，数九寒天从冬至开始。三门民间有"热在三伏，冷在三九"的说法。此时，旧时农村除对小麦追

施腊肥，继续进行防冻、积肥、深耕、消灭越冬病虫害等工作外，还应该注意保护耕畜安全过冬。

古人云：“方涉冬节，农事间隙。”按农耕习俗，冬至这个具有节气和节日双重内涵的日子，也是人们庆祝丰收、进入农闲、开始准备过大年的标志，向祖先汇报一年的丰收情况，祈求祖先的保佑，冬至被当作一个较大的节日，有“冬至大如年”的说法。古人认为冬至阳气生而君道长，是乱而复治之机，从汉代以来都举行庆贺仪式，到了宋代，达到顶峰——节日三天，百官朝贺，君不听政，民间歇市三日。

冬至作为节候甚或岁首，具有继往开来的意义，在这天祭祀祖先，也是表达此意。这天是阳气初萌而冬尽春回的日子，人们认为冬至是阴阳二气的自然转化，是上天赐予的福气，称其为“冬至”，也叫“长至”“亚岁”等。基于古人对天象变化的观察，有所谓“阴极之至，阳气始生，日南至，日短之至，日影长之至，故曰‘冬至’”的说法。此日，太阳直射南回归线，北半球白昼最短。其后太阳直射点北移，白昼渐长，有“日长长到夏至，月短短到冬至”之说。称其“亚岁”，是指冬至是仅次于春节的节日。

三门民间风俗，冬至家家户户都要做“冬至圆”，还要用冬至圆请“老太公”祭祖，故有“清明苦燕，冬至甜圆”之谓。有宗祠、有族产的村，还要开祠堂门祭祀历代祖先，按照科举级别分配“功名肉”，演“冬至戏”。

列入第四批国家级非物质文化遗产代表性项目名录的“三门祭冬”历史悠久，民俗积淀深厚，农耕文明特点显著，是三门民间最具代表性的传统风俗之一。祭冬在于维护神权和尊重族权，是一种文化的传承，也是一种文化的符号，它承载着人们对自然的敬畏和对祖先的怀念，寄托着对后代的教诲和对未来的希冀，传递着劳动的快乐和丰收的喜悦，也体现着历史的厚重和民间风俗的永恒魅力。

［壹］三门祭冬的历史渊源

据记载，周秦时以十一月为正月，以冬至为岁首过新年。《汉书》有云：“冬至阳气起，君道长，故贺。”也就是说，人们最初过冬至节是为了庆祝新的一年的到来。古人认为自冬至开始，天地阳气开始兴作渐强，代表下一个循环开始，冬至是大吉之日。所以，后来一般春节期间的祭祖、家庭聚餐等风俗活动，往往选在冬至日进行。冬至又被称作“小年”，一是说明年关将近，余日不多，二是表示冬至的重要性。

周历正月为夏历的十一月，也是现代公历的十一月，所以拜岁和贺冬并没有区别。直到汉朝汉武帝采用夏历后，把正月和冬至分开，才是单独庆贺“冬至节”的开端，此后该习俗盛于唐宋，并相沿至今。

汉代以冬至为“冬节”，官府要举行祝贺仪式，称为“贺冬”，官

方例行放假，官场流行互贺的“拜冬”礼俗。《后汉书》中有这样的记载：“冬至前后，君子安身静体，百官绝事，不听政，择吉辰而后省事。”这天朝廷上下要放假休息，军队待命，边塞闭关，商旅停业，亲朋各以美食相赠，相互拜访，欢乐地过一个“安身静体”的节日。

魏晋六朝时，冬至称为“亚岁”，民众要向父母长辈拜节。唐宋时期，冬至是祭天祀祖的日子，皇帝在这天要到郊外举行祭天大典，百姓在这一天要向父母尊长祭拜。明清两代，皇帝均有祭天大典，谓之“冬至郊天”。宫内百官向皇帝呈递贺表，并互相投刺祝贺，就像元旦一样隆重。

冬至祭祀祖先是一种在特定社会经济文化背景下产生的以鬼神信仰和崇拜为核心的民间文化现象。至于冬至祭祖之俗，早在东汉崔寔的《四民月令》中就有记载，说民间要向玄冥和祖祢供奉黍羊之物。在民间有着“十一月冬至，京师最重此节，虽至贫者，一年之间，积累假借，至此日更易新衣，备办饮食，飨祀先祖”的说法。汉族祭祖分春冬两次，春在清明，冬即冬至。冬至祭祖的记载，至宋代多了起来，如宋氏孟元老的《东京梦华录》就有相关记载。

明清时期，冬至祭祖依然在三门广大城乡盛行。明嘉靖《江阴县志》记载：“节朝悬祖考遗像于中堂，设拜奠，其仪并依元旦。”这表明当时人们对冬至祭祖的重视。又载：“冬至，民俗不重履端，士夫称贺……祭礼春秋二祭，由来旧矣。自宋以下，春则于清明野祭，悬幡焚纸，加土墓顶，酒肴拜献，如常仪，唯与祭，绅衿穿吉服，不穿公服。于祭祠则各穿公服，对赞读祝，拜献成礼。秋七月望日，设祭祖祠，亦如春祭。礼仪祭毕，绅耆领燕，诸裔孙均给胙，耆则随其年之上下，绅则随其分之尊卑加倍给领，春秋一律。正月则演剧敬祖迓神，亦设筵席，衣冠瞻拜，年终各自为祭，毋庸聚拜。”在宗族制度盛行的三门地区，祭祖往往在祠堂进行，民国《三门年鉴》也有相关记载：“祭礼春秋二祭，由来旧矣。春则于清明野祭，悬幡焚纸，酒肴拜献如常仪，族中祭祠，则有劝赞，读祝，拜献成礼。秋七月望日，设祭祖祠，亦如春祭。礼仪祭毕，绅耆领燕，诸裔孙均给胙，耆则随其年上下，绅则随其分之尊卑加倍给领。”三门流行冬至祭祀列祖列宗的风俗历代相传，如《石岩李氏宗谱》也有这方面的记载：“冬至大节，务遵文公《家礼》。当祭始祖，以取一阳始生之义。”

清明一般在野外祭祖，而冬至则在室内祭祖，一年两次是必须进行的，因而有“关冬至门”之说，所以祭祖又必须在冬至前进行。每年冬至，三门县乡村都要举行隆重祭祖仪式，称为“祭冬”或“拜冬”。冬至祭祖一般祀于家，而聚族而居的广大农村，还要在家庙宗祠举行隆重的祭祀祖先仪式。

家祭就是在家中祭祀祖先，仪式较为简单。家家户户都要烧好九大碗羹饭，摆上酒盅、筷子、烛台，点起三支清香和一对蜡烛，祭奠祖先。然后老小依序拜三拜，等酾酒三巡，红蜡烛也已经燃得差

不多了，再到房外烧掉纸钱，送走祖先，并祝他们一路走好，仪式就告结束。公祭则在各村祠堂举行，合族老少咸集，举行敬神祭祖，仪式隆重，礼仪繁多。这是一年中各村各族最隆重、最高层次的一次祭祖仪式。

据清光绪《宁海县志·风俗》卷二十三记载，“冬至，屑糯米粉作汤团，以赤小豆作馅，礼神及祖考。丐者装鬼判状，仗剑击门，口喃喃作咒，谓之‘跨灶王’，即古傩礼。”冬至日，家家户户要吃糯米圆，三门人称“冬至圆”，咸甜皆有，老少咸宜，先祀灶神与祖先，然后全家团团圆圆聚餐，俗称“吃冬至圆”，象征一家团圆。因有冬至加一岁之说，就有了几岁得吃几颗圆的习俗。不过这只是一种象征，否则孩子不够吃，老人吃不消。据老人讲，冬至日还有“跨灶王”习俗，请当地乞丐头儿来扮演鬼判官，头戴高高的乌纱帽，身披大红礼袍，口挂红须，脚蹬乌靴，手拿宝剑，口中念念有词：“大的搭来好剥皮，小的搭来垫脚底，老的搭来高高吊……”整个村子里，到处晃动着“鬼判”的身影，家家户户都去驱鬼，并用宝剑敲击家里的门户、桌子、墙壁等物，主人家则配合着在屋里角角落落撒盐米，一直敲到大门外。送走“鬼判”，驱邪逐鬼仪式才告结束，主人才安心了，认为自此家宅吉祥，无患可侵。

冬至在一年节日中的重要性可想而知，所以民间才有了“冬至大如年”之说，老辈人才不会草率地应付这个节日。三门民间对待冬至像过小年一样隆重，此时粮食进仓，农事已闲，祭拜祖宗，一家人在一起打打牙祭，享受着一年中最长的一个夜晚，别有一番意味。冬至夜是合家团聚的日子，出门在外的游子尽量会在这天前赶回来，一些应酬也会尽量往前或往后推，重要的是一家人在一起吃上一顿冬至夜饭。三门人认为过了冬至、吃了冬至圆就算长了一岁，称之为“添岁”。

制作冬至圆

在宗族制度兴盛的三门城乡，聚族而居的村庄，一般都修宗谱，以记载宗族世系的源流、迁徙、生活习俗等方方面面，以强化宗族观念。三门各族盛行祖宗崇拜，大都为历代祖宗，特别是始祖建有祖祠，对于迁至本地的第一代始祖，族谱上往往特地注明，春祀秋祭，年年不断。

冬至作为节候甚或岁首，具有继往开来的意义，拜祭洒扫，以示敬天忆祖、追忆先贤之厚意，而冬至祭祀就是以示后人对祖先的尊敬、团结族人的一种手段。祠堂作为连接一个姓氏血缘关系的组

带，在《东屏陈氏宗谱》就有这样的记载：“故不唯贵家大族，必壮丽其祠宇，以妥侑其祖宗，即彼村落小家亦无不建立以奉其先灵。”另据《台临叶氏宗谱》记载，“朱文公云：祖宗虽远，祭祀不可不诚。每岁二祭，春行于墓，冬行于庙，子孙齐集，陈列品物，并宣祖训家箴，各自务默倾听，不得怠傲，庶几上格祖考，而葭福祉之赐，孝孙有庆亦多矣。”

合族祭祖往往在祠堂进行，祭器、祭品、服饰、时空、仪节等构成祭祀仪式。祠祭礼仪的主要内容是行“三献礼”，林立的祠堂、频繁的祭祖活动、繁缛的祭祖仪式，共同构成了三门宗族文化的重要内容。据《东屏陈氏宗谱》记载，“从来物本乎天，人本乎祖。故王者，冬至祭天而以祖配之，以冬至为气候之始也。然尊祖敬宗，义通上下，自天子达于庶人，皆得循分自尽。古称天子七庙，其下以次降，而庶民则祭于寝。寝庙者，宗祠也，所以报祖德、酬宗功、展孝思者也。”

根据《三门县志》、宗族谱牒等记载，三门祭冬民俗距今已有七百多年的历史，其中，以亭旁镇杨家、海游街道上叶、悬渚与健跳镇小蒲等村的祭冬规模最大、仪式最完整、传承得最完好。

三门祭冬原称为“杨家祭冬”，2010年被列入第三批浙江省非物质文化遗产名录，根据国家第四批非物质文化遗产有关申报精神要求，为了更加切实有效地保护二十四节气风俗——三门祭冬这一珍贵传统民俗项目，做好第四批国家级非物质文化遗产代表性项目申报工作，体现项目名称的科学性和完整性，三门县根据专家建议，将原“杨家祭冬”名称更名为“三门祭冬”。2014年11月，三门祭冬被列入国家级非物质文化遗产名录。2016年11月30日，包含三门祭冬习俗等在内的“二十四节气——中国人通过观察太阳周年运动而形成的时间知识体系及其实践”被正式列入联合国教科文组织人类非物质文化遗产代表名录。

[贰]三门祭冬的地理与人文环境

1. 三门的地理环境

三门县位于中国“黄金海岸线”中段，北接宁波，南连温州，东临东海，西枕天台山，是海陆共生、多种文化交错并存的独特区域。总面积1510平方千米，辖六镇一乡三街道，511个行政村，总人口44万。地处北纬28° 50′ 18″—29° 11′ 48″，东经121° 12′ 00″—121° 53′ 36″，属亚热带季风气候区。冬夏长，春秋短，四季分明，雨水充沛，全县年平均气温16.6℃，年平均降雨量为1650毫米，无霜期242天，年日照总时数为1852小时，适宜人类居住和农业生产。

三门地形为低山丘陵，地势西北高、东南低，由西北向东南倾斜，湫水山在中部蟠结耸峙；中、西部为低山丘陵地区，间有小块河谷平地；东部为滨海平原，河道纵横，土地肥沃。县域整块版图如同人的手掌，有“七山一水二分田”之称。

“水有渔盐之利，陆有林矿之饶”，三门历来是黄金宝地，是一块充满希望的热土。民国时，三门湾被孙中山先生称为“实业之要港”，列入《建国方略》；南洋华侨拟建设三门湾模范自治农垦区域；上海实业家欲开发三门湾商埠。

三门海岸线曲折，长达227千米，岛屿众多，境内有大小岛屿116个，旗门港、海游港、健跳港、浦坝港、洞港等港湾深嵌内陆，有“海上仙子国”之美称。全县有浅海59万亩，滩涂21万亩，沿海水域生物含量富集度居浙江之最，水产养殖面积与产量持续列居全省前茅，是浙江海水养殖第一大县、中国青蟹之乡、浙江对虾之乡、牡蛎之乡、缢蛏之乡。三门平畴沃野盛产粮棉，高山塘田林果飘香，是全国平原绿化先进县、国家级生态县和柑橘出口基地县，农、水产品蜚声中外。境内的猫头山、扩塘山、洋市涂、牛山涂和黄门岬是得天独厚的核电、火电、潮汐电的候选厂址，其终期装机总容量超过2000万千瓦，是未来的“中国电力城”。三门工业经济发展迅速，已经形成机械电器、橡塑皮革、医药化工、工艺制品、纺织制衣、食品酿造六大支柱行业综合发展的工业体系。对外贸易有了长足进步，一批具有较高科技含量的产品跻身国内外市场。

便捷的交通与优越的区位，使三门占据了良好的发展先机。宁波机场、黄岩机场、北仑港、海门港距县城均在100千米之内；甬台温、上三线高速公路穿境而过，与104国道、甬临省道、台州沿海大通道交汇境内；健跳港为天然深水良港，常年不淤，是台州水运中心，省定台轮停泊点；横跨港面的健跳大桥贯通全县南北，是连接中国东部沿海的交通主干线。

三门历史悠久，人杰地灵，山海形胜，风光旖旎，人文景观与自然景观争相媲美。人们耕海牧渔，诗书传家，所以特别尊重自然和重视家族关系，具有很高的旅游经济开发价值。而三门祭冬成为冬至节气民俗活动的代表，也得益于三门控山带海的独特自然环境以及村落聚居的区域特色。

2. 三门的历史沿革

从新石器时代开始就有人类在三门县这块土地上繁衍生息。夏、商、周时，三门为瓯越地；春秋战国时属越国；公元前306年，楚灭越，越王无强（勾践六世孙）诸子争相自立，时为东越地；秦时，三门为东越地，隶属闽中郡。

汉惠帝三年（前192），立闽越君驺摇为东海王，都东瓯（今温州），史称“东瓯王”，时三门属“东瓯国”。汉武帝建元六年（前135），闽越王郢被诛，立郢之弟余善为东越王，时为东越地，属会稽郡，隶扬州。汉武帝元鼎六年（前111），东越王余善反，元封元年（前110），汉武帝杀余善，将其民徙于江淮间，东越地遂虚。昭帝始元二年（前85），以东瓯地建回浦县，治章安，时为回浦县地，属会稽郡。东汉光武帝时（25—57）改为回浦县，时为章安县地。三国吴大帝时

（222—252）分章安县西部境域，置临海县，时三门为临海县境地，属会稽郡，隶扬州。少帝太平二年（257），分会稽郡东部置临海郡，时三门属临海郡，隶扬州。晋武帝太康元年（280），分鄞县八百户，临海县安北乡二百户，置宁海县，时三门分属临海、宁海两县，属临海郡。

隋废郡为州，废临海郡改入处州，并改东扬州为吴州，废宁海县，时三门为临海县地，属处州，隶吴州。开皇十二年（592），改处州为括州。炀帝大业元年（605），又改州为郡，废括州，置永嘉郡，时三门为临海县地，属永嘉郡。

唐武德元年（618），以临海县置海州；武德四年（621），分临海县，复置宁海县，治海游悬渚，同年改永嘉郡为括州，时三门分属临海、宁海两县，隶海州；武德五年（622），改海州为台州；武德七年（624），废宁海县并入章安县；八年（625），又废章安县，并入临海县，时为临海县地，属台州。唐太宗贞观元年（627），台州隶江南道，治苏州。武后永昌元年（689），分临海县东北部置宁海县，治广度里（今宁海城关镇），时三门又分为临海、宁海两县地，属台州。天宝元年（742），台州复称临海郡。肃宗乾元元年（758），临海郡复称台州。同年设浙江东道，治越州，时属台州，隶浙江东道。

宋时，于浙江境域置两浙路。神宗熙宁七年（1074），分两浙路为两浙东路、两浙西路，时三门分属临海、宁海两县，隶台州。

元地方行政实行“行省”制度，世祖至元十四年（1277），改台州为台州路，置总管府，治临海。时三门分属临海、宁海两县，属台州路，隶江浙等处行中书省浙东道。

明代，地方政区制度袭元朝，改台州路为台州府。

清承袭明朝，设杭嘉湖、宁绍台、金衢严、温处四个道，时三门为临海、宁海两县地，属台州，隶浙江宁绍台道。

民国初时，三门仍分属临海、宁海两县。民国二十九年（1940）7月，自宁海县析出东南十八个乡镇，临海县东北隅析出五个乡镇以及原南田县六个乡镇，设置三门县，治健康塘。9月，移海游镇，隶台州（第六）行政督察区。

1949年2月17日，三门解放，建立三门县人民政府，是浙江省第一个解放的县，隶台州专区。1952年4月，南田区划归象山县管辖。1954年5月22日，撤销台州专员公署，三门县划归宁波专区管辖。1957年7月，恢复台州专员公署建制，三门县回属。1958年12月，撤销三门县建制，并入临海县，隶温州专区。1962年6月4日，国务院批准恢复台州专区及三门县建制。1970年1月，成立台州地区革命委员会，三门县属之。1978年9月，改置台州地区行政公署，三门县属之。1983年5月，宁海县沙柳公社划归三门县。1994年8月，经国务院批准，台州撤地建市，三门县隶属台州市。

3. 三门的人文环境

三门古属越地，据《史记·封禅书》记载，“昔东瓯王敬鬼。”

《汉书》称越地之民“断发文身，以避水中蛟龙之害”。《晋书》称临海郡民“火耕水耨，渔猎山樵，饮食颇给”而“信鬼神，好淫祠”，道出了当时三门人民物质生活和精神生活的基本特点。在此前后，儒家正统文化的影响逐渐加强。东晋和南北朝时，中原居民陆续南迁入三门，带来不少中原风俗。宋代，受封建礼教影响，民间婚嫁、丧葬、岁时、礼仪等风俗，有“遵文公（朱熹）家礼”之称。明清两代，随着氏族的不断繁衍，各姓氏大兴土木，修宗祠，立宗谱，根深蒂固的家族文化及其形成的家族精神，对当地文化与精神的形成与传承产生了不可低估的影响与作用。辛亥革命后，旧俗有所破除，以剪辫、放足最为显著。中华人民共和国成立后，新风新俗渐生，人际平等、剥削可耻等新道德观念逐渐影响社会生活，婚姻自主、计划生育等渐成习俗。大体而言，众多风俗新旧交错，并行一时。

民间风俗的形成与演变，会受到各种因素的影响，如自然条件、地理环境、宗教信仰、思维方式、文化传统、生产方式以及社会结构等，同时，也会随着历史事件的发生而改变，如战争爆发、人口迁徙、文化冲撞、时代变革等因素的影响。民俗风貌的形成与发展不是固定不变的，它是一个动态的过程，会随着时代的演进与嬗变而发生新的变化，原先的民俗或者说民风会被新一轮的民俗风貌遮盖掉。三门在漫长的历史演变过程中，逐渐形成了自己独特的风俗习惯、思维方式以及生活模式，并在其发展过程中进行着一轮又一轮的吐故纳新，可以说，民俗文化是与时俱进的一个典型范本，如同流水，不同的时代就有不同的形状，历代的志书对其也有不同的记载。

崇祯《宁海县志·风俗》载："宁海迫山海，民力耕钓，尚勤朴，鲜讼狱，犹有古之遗风。"又说："男耕女织，有勤俭风，力本右文，无浮靡习，故家尚清议，士矜名节，婚嫁择先门第，庆吊罔敢失礼，营室必作家庙，燕享以时。妇女不出街市，此其俗之美者。……顾其人，好使气，善斗讼，宁为诸佣作，独耻为轿夫。"宋代胡融《风土志》载："古多秀民，隋唐以来，士不以功名为念。宋兴，文物之盛，始读书务学，相踵登第。"南宋进士储国秀撰有《宁海县赋》，内言："更有尚清修而立门户，轻进取而安里廛。泥滓名位，胶漆林泉。写陶篇而杜什，貌岛瘦而郊寒。……信君子之行，藏表乡里而卒先，士得师于庠塾，农勤身于桑田，工执艺而精良，商通货而贸迁。举乐道而怀德，知委顺以安天。于是俗化明，表里正。"三门旧属宁海、临海，民俗基本上与其相同。

类似于这种对三门风俗的描写是非常多的，正史、谱籍乃至野史笔记常有涉及。当然，一地之风俗与所处的地理环境有极大的关系，所谓"一方水土养一方人"是也。

古人对这种地理环境影响于民俗民风的现象颇为关注，光绪《宁海县志》对此作过如此分析："宁海民有三等，附郭居民，务农为业，平畴沃野，所在多膏腴；沿海居民无常产，专恃网罟之利，逢渔

汛则出洋张捕焉；山僻鲜可耕之土，赖有桑麻竹木，可收树艺之利。畜牧孳生，亦足以裕民财。习俗恋家乡，畏远行，经商非所长，此吾宁风俗之大略也。而四乡微有不同，东乡俭而啬，其地多捍海为田，耕作勤，而租税有赖，故士夫家多殷实，而农民亦不至于窘迫；南乡民强而悍，性刚好斗，是在良有司之善为劝，乡长老之有以树其型，俾志和而气平，泽以读书，可勿亟哉；西乡土瘠田少，民多仰给他乡，所赖士知诵读，农工商贾，习劳而不失其业，犹有古朴敦庞之象；北乡地与甬邻，俗尚侈靡，市集尤甚，非礼以节之，此风终难革也。邑中秀民，读书守法，率皆愿朴，而好讼嗜利，亦时有焉。”

三门一地，从属于越文化，但与华夏文化有直接联系，同时，它又与瓯越、闽越相通，经过长期的发展，逐渐形成了自己独特的民风民俗、民间信仰、价值观念、心理性格和生活方式。

（1）民性耿直不屈，坚守节操

三门内地多崇山峻岭，东濒港湾海洋，背山面海的自然环境，形成了其独特的风格。在特殊的地理环境下，历代三门人在开发三门湾的过程中，必须不断地与高山的恶劣环境和海洋的惊涛骇浪进行长期不懈的艰苦斗争，逐渐养成了耿直刚勇、敢闯敢斗、勇往直前的性格，表现出不屈不挠、屡败屡战的巨大生命张力，故他们向来尚气节，重操守。明崇祯《宁海县志·旧志略》载：“士人矜名节……宁为诸佣作，独耻为轿夫。”明薛三才《林公祠碑记》：“其民执固勇敢，士多颖质。”

三门人讲究修身养性，注重品德修养，在政治与道德上，遵从正义，保持气节，真正做到威武不能屈，贫贱不能移，为了追求自己崇高的理想，不惜与权贵抗争，甚至牺牲性命。明代亭旁任家人任大治（1571—1629），为人忠直，执政廉明，抚民疾苦，振兴文教，管束吏卒，平反冤狱，颇有政声。历任无锡县知县、南京国子监博士、刑部主事、庐州知府、山东按察司主事、山东按察司兵马副使、河南督学副使、山西主考等职。御史顾宗孟因敢于直谏，触犯魏忠贤的党羽，被革职，关在刑部大牢中等待审查问罪。任大冶十分同情顾宗孟的遭遇，心怀不平，但也无能为力，因此托病不起，拒绝查处此案。司寇多次胁迫他抓紧办理，他勃然大怒，厉声呵斥道：“天日在上，讵可附会，余头可断，笔不可转矣！”明代珠岙娄坑人俞沇（1537—1608），万历辛卯（1591）贡生，任湖广兴国知州。走马上任时，幕僚进曰：“开矿之处，计炉二万，如府台莅临，可得万金。”俞沇笑道：“吾宁人先有方正学以节义重，今有石都简以清廉重，吾生平所举何予，乃唯利是图，为二先生玷乎？”干脆闲坐衙门，以杜小人行贿。明代叶惠仲（？—1403）因为秉笔直书有关“燕王谋反”之事，被诬陷为“靖难君臣为逆党，论死籍没”。一介文弱书生，竟在国难当头之际，大义凛然，以身赴死，谱写了一首壮烈的正气歌。

其实，在三门的历史上，像这般尚气节、重操守的官员是很多

的，这不是个别现象，而是群体风貌。士可杀，不可辱，这种宁死不折腰、视死如归的耿直气节与崇高精神，足以说明三门人的人格特性。

三门民风素称耿直，在旧社会具有反抗精神，鲁迅先生在《为了忘却的纪念》一文中称之为“台州式的硬气”。山区与沿海的民风更为强悍，崇尚民族气节，崇拜历史名人。明弘治《赤城新志》称：“宋亡于元，缙绅先生往往窜匿山谷，或服衰麻终其身，或恸哭荒郊断陇间，如丧考妣，其民皆结垒自相战守，力尽则阖门就死而不辞。”如南宋忠士吴焱、柯酹、陈荣卿等，在国破家亡、离乱伤痛之秋，都具有强烈的民族意识和坚贞的民族气节。

勤劳俭朴，向为风尚。明临海人王士性《广志绎》记当时台州民风称：“浙中惟台一郡连山，围在海外，另一乾坤……舟楫不通，商贾不行，其地止农与渔，眼不习上国之奢华，故其俗犹朴茂近古。”又称：“海滨之民，餐风宿水，百死一生，以有海利为生不甚穷，以不通商贩不甚富，闾阎与缙绅相安，官民得贵贱之中，俗尚居奢俭之半。”

三门宗族观念较浓，以山区为最。同族相睦，与外姓发生矛盾时，常群起与争，时常酿成宗族械斗。亲朋邻里，讲求互济，伤病请医，农忙耕作，开山造田，建宅造船，乃至年关捣馍糍、做年糕，互助出力，主家盛情款待，帮者尽心尽力。中华人民共和国成立后，宗法废除，然宗族观念在广大农村仍根深蒂固。

（2）民多聚族而居，重教好学

三门的人文史，其实就是人的迁徙史。三门优越的自然地理环境，无疑是“移民”眼中安居乐业的桃花源，成为氏族繁衍生息的发祥地。氏族先人们从中原带来了先进的生产、生活方式和先进的思想理念，结茅为庐，田桑农耕，创造了灿烂的农业文明。

地处海隅，背山面海，长期以来人口稀少的三门，人口的增长与北方氏族躲避祸乱南迁有关。在很长一段时期内，拥有山海之利的三门，成为浙东一带人类活动最活跃的区域之一。据《三门县志》记载，在亭旁包家上坟墩、邵家山根邵出土的石斧、月形石刀和大量平砂红陶鼎足、陶罐、陶釜等残片，经鉴定为新石器时代的遗物，证明早在五六千年之前就有人类在这块土地上生活劳动、繁衍生息。秦汉时期随着疆土开拓及海上“丝绸之路”的发展，汉越民族的相互融合，三门社会经济得到全面兴起，手工业逐渐发展，社会经济开始繁荣。到了两晋时期，台州最早的驿道［章安、悬渚至句章（宁波）］的开通，使三门地处水陆交通要道，姓氏聚落有了很大的发展，三门湾地区开始成为一个县级行政区。西晋“八王之乱”、南北朝“五胡乱华”和唐王朝“安史之乱”等频繁的战乱，北方的生产遭受严重破坏，而南方经济相对繁荣，大量中原人口南迁，经济中心南移，三门接纳了大量避难的北方人口，人口迅速增加。邵家璜山一

带，发现了数量众多的两晋至五代时期的古墓葬，出土了大量文物。这些古墓葬范围之大、规格之高、随葬品之丰富，实为罕见，证明此时的三门已成为众多氏族的聚居区，人口激增，生产生活用品的需求急剧增长。

北宋末年，宋室南渡，宋高宗赵构建都临安，大批人口随之南迁。到明清两朝，由于三门地处东南沿海，自然资源丰富，地理环境优越，又吸引大批南迁氏族。

三门大多数氏族均从中原南迁而来。据现存的家谱记载，秦汉以来至明清，迁入三门的始迁祖有一百二十二个。迁入最早的马氏始祖马生鸾为避秦“焚书坑儒”之祸，迁居邵家璜山，至今已有2200余年。据志书统计，在晋、隋、唐三朝迁入三门的始祖有梅、曹、陈、黎等三十二姓。北宋时迁入七姓。三门氏族的发展与稳定则是在南宋时期，赵氏政权建都临安，稳定了江南局势，促进了经济的发展。南宋时迁入三门的有二十五姓。元朝，迁入三门的有十六姓。明清时代，迁入三门的有四十多姓。这众多的姓氏中，大多来自北方。有从北方直接迁入，有从北方迁入浙江各地再转迁入，也有从北方迁入福建再转迁至三门。

大量南迁的汉人与当地的越民逐渐同化。南迁汉人素来受儒家思想的影响，重孝悌伦理，而越人则重血亲观念，两者融合后，大大地刺激了宗族观念的产生与发展，这是三门区域聚族而居的文化特质之一。聚族而居，一则是亲情相系，血浓于水，无法分割，二则是三门恶劣的地理环境所造成的一种宗族凝聚力。三门居民大多从事渔盐、围垦、农耕之业，常须与大海搏斗，这势必导致为求生存而增强宗族的凝聚力，必须铸就聚族而居的文化氛围，才能战胜自然灾害。故在三门的大多数村落均是同姓聚居，世代相传，繁衍生息。这些聚族而居的村落非常热衷于建宗祠、修宗谱，这是两件大事。

宗祠是宗族组织的神圣场所，也是一个家族的象征，故聚族而居的村落，都有一座或几座宗祠，所谓“族必有祠”。宗祠是祭祀祖先、议处宗族大事的场所，更是宗族教育或惩罚有过失子孙们的地方，所以，宗祠也是对子孙进行伦理道德教育、约束族人行为准则的场所。

族谱，又名家谱、宗谱等，是维持宗族血缘关系的主要纽带，是一种以表谱形式记载一个以血缘关系为主体的家族世系繁衍及重要人物事迹的特殊图书形态。宗族修谱，短则十年一小修，长则三十年或六十年一大修。谱修成后，都请名家大儒作序，如唐代大文豪韩愈为浮门陈氏所作《陈氏宗谱世序》，宋代朱熹为上鲍所作《鲍氏家谱序》、文天祥为上鲍所作《亭林上鲍重修家谱序》、储国秀所作《宁海刘氏家谱初修原序》，明代刘基所作《邬林田林氏世系序》《小横渡唐家谱序》、宋濂所作《狮峰楼氏宗谱序》《梅氏宗谱序》、大儒方孝孺曾作《杨溪陈氏家谱序》《重修周氏宗谱序》《方

先生尊祖谱序》《小岭下陈氏宗谱重修学士陈公谱序》等。名家谱序多为名篇佳作，是研究地方文化的重要文献资料。这些宗族聚族而居，不但修宗谱，还重教育，“民多聚族而居，宗族鼓励读书”。他们认为读圣贤书、行仁义事是天经地义的事情。宗族在建祠堂、修宗谱外，还置有“族田”。有些宗族还专门设立助学的族田，称为“义学田”“书田”等，帮助贫困家庭失学子弟读书成才。这些家族均有自己的一套教育子孙的方法，称为族规或家训、家范等，并载入宗谱，在祭祖时宣读。其内容不外乎“笃宗族事父母”“和乡党恤邻里”“隆学校明礼义”“修祠宇重谱牒”“敦孝悌宗祭祀”等，敦促子孙后代循规蹈矩、克勤克俭、奋发进取、博取功名、光宗耀祖、名垂青史，这是所有南迁先祖由中心地带迁居于边缘地区的一种失落心态之复归体现。他们不想永远处在边缘地带，他们要回归，其必经之路就是考取功名，别无他途。但凡考取功名的子弟，均能得到宗族的奖励，如在科举中考取贡元以上功名的，可在宗祠前竖旗杆、中堂挂匾额，使其流芳百世。

（3）百姓信鬼神，好滥祀

鬼神崇拜是中国古代原始宗教意识之一，早在原始社会便已存在。到了周朝，就把鬼神崇拜与祖宗崇拜交织在一起，称为敬天尊祖。秦汉以后，民间的这种鬼神信仰逐渐盛行。

三门人原属古越族人，他们奉行多神崇拜，两汉以后更加盛行。他们“信鬼神、好滥祀，神多因地因时而立”，几乎村村都有小庙或祠宇。三门人最为突出的民间信仰就是敬事鬼神，淫祀滥祭。这种多神论思想的泛滥，表面看起来是一种无绪的迷信，其实，这反映出他们内心的一种冀求，这种多元化的鬼神崇拜，正好反映了人们对大自然的敬畏之心。海洋环境使得沿海的居民多了一份危机感，他们在与恶劣的自然环境作斗争时，凡被各种灾害侵袭遭遇了损失，都认为是鬼神在作祟，故他们为了出入平安、家庭幸福，祈求鬼神保佑。他们的信仰没有特定的目标，谁能保佑他，为他消灾免难、纳福降吉，他就祭拜谁。在他们的心目中，鬼神无处不在，释道儒共聚一堂，和睦相处，山河大地、花草树木，天上、地下、人间，哪里都有鬼神存在，如山有山神，地有社神，风有风神，水有龙王，管人间的有城隍爷，管家宅平安的有灶司老爷，主财者为财神爷，管五谷的叫五谷神，保护家畜者称栏公栏婆，甚至还有村神、树神和花神等。

三门人因长期生活在海边，他们的祭祀之神多于内陆地区，譬如他们建有妈祖庙、天后宫、娘娘宫等。当然，他们首先会拜佛、道之神，乃至圣贤之人，但凡为人民做出贡献的人都是神，并立庙建像，一概顶礼膜拜。如海游的太尉庙，祀的是蒋姓五太尉；健跳戚公祠祀的是抗倭民族英雄戚继光；亭旁任家村建有建雄古庙，祀的是南宋烈女金四娘与金七娘。此外，一个庙里所供奉的不止一个神，三门一带的寺庙里多供有土地爷与财神，其次是白鹤大帝（赵炳），

再次是龙王和送子观音，其他如关帝老爷、东岳大帝、胡公大帝、玄武大帝、平水大王、黑白无常、文武判官、八仙、济公等齐聚一堂。

三门人的民间信仰可以说是多神论，是对众多神祇的信仰。有人对此颇有微词，其实，我们从另一个方面来看，这种多神论信仰，正好反映了三门人兼容并蓄的文化心态。在他们眼里，神没有好坏，只有灵与不灵，求总比不求好，求多个神总比求一个神保险，这种思想正是朴素的民本意识的体现。民间信仰的存在，从某种意义上来说，制约了人们的不良行为，有预防犯罪之功能，俗话说“举头三尺有神明”，这话若非民间信仰作为前提，人们是不会相信的。所以，从这一点来说，多神的民间信仰虽则是滥了一些，但它们却是净化人心的途径之一。鉴于此，民间的祭祀活动，各种各样的庙会以及家庭的祭祀形式，都是组成民间习俗的重要部分，这是民俗文化的一个真实面貌，渗透于三门文化社会生活的各个方面。

（4）性格开放，兼收并蓄

三门人尚义、好客，重视人与人之间的和睦相处。他们不欺生，视外来客为上宾，拿出家里最好的食物招待客人，留宿也总是把自家最好的床铺留给客人睡。三门人的性格，具有开放性。在立足当地，发展传统文化的同时，积极接纳融合外来文化，择善吸收，创造出多姿多彩的文化特点。三门人大多自北方南迁而来，他们带来中原的文化，与南方的文化产生了碰撞，但很快发现，南方人宽容地接纳了他们，并很快把他们当作了本地人，南北文化的交融似乎在很短的时间内完成，原有的单一性文化变成了多元文化，文化的包容性也日益扩展与延伸。三门人有着大海一般的胸襟，在大海的怀抱里，他们视来自五湖四海之人为亲人。自从中原人南迁到了三门湾畔的村村落落，生活里就没有旁观者，都是前来帮助他们的人。

三门人信奉的是“好人三个帮，好篱三只桩”“风大就凉，人多就强”“砖连砖成墙，瓦连瓦成房”“金银财富不算富，与人结缘才是福”“好人做到底，送佛送上天”等至理名言。南北民族的交融、文化的渗透，养成了一种大气开放、博纳宽容的心态，去吸收更多的外来文化。

三国时被后人称为“茶祖”的道教鼻祖、著名医药家葛玄（164—244），浮海至三门亭旁灵凤山南麓，结茅设炉修炼“九转金丹”，后至天台山传播道教文化，成为台州道教开山祖师。东晋兴宁年间（363—365），天竺（古印度）僧人昙猷乘枫槎（枫树制的筏）从海上东渡，在三门湾畔登岸，见有五彩祥云绕山顶，遂在山南麓建造普济院，开始在台州大地上弘扬佛法。清咸丰年间（1851—1861），天主教传入三门，众多的天主教堂纷然设立。清光绪二十九年（1903），基督教传入，教堂随之遍地开花。这既是一种外来文化的渗入，也反映了当地人对这些外来文化的认同与接受，体现了本土文化开放兼容的气度。他们将西方文化与本土的文化融合在一

起，形成自己特有的文化内涵，创造了光辉灿烂的三门文化。

（5）钟灵毓秀，民间艺术渗透于生活各个方面

水无山不美，山无水不秀。三门东临大海，惊涛拍岸，湾内岛礁棋布，港湾星罗；内地崇山峻岭，万壑争流，竹木葱茏，如此优美的环境，对三门人心灵之熏陶，形象思维之培养，创造了有利的自然条件。

三门民间艺术源远流长，诸如故事、传说、山歌、渔歌、曲艺、走书、道情、小调、抬阁、五兽、灯彩、木偶、杂技、绘画、剪纸、刺绣等独树一帜，还有雕塑工艺如木雕、石雕、泥塑等均很精湛，尤其是木石雕刻，历史悠久，多见于寺庙和宗祠建筑等。三门横渡石仓岙的张宗足之浮雕无人能敌，亭旁城隍庙四根蟠龙石柱即是他的杰作，看上去须眉清晰，威武神骏，栩栩如生，叹为观止。三门石窗采用浮雕、圆雕、透雕等手法雕琢而成，精美绝伦，其图案的内容雅俗兼容，多表现儒、道、释等诸家共存之品质，让诸子百家的思想在民间水乳交融，互相贯通。艺术浸润着三门人的精神生活，他们追求并创造美的生活方式并以这种美通过民间艺术的形式表达出来，如三门平调，声调高亢，文武兼备，其传统剧目有一百多种，流行于宁波、舟山及台州各地，已列入省级非物质文化遗产名录。三门圈椅在古家具收藏界号称圈椅之王，享有极高的声誉，典型地体现了中国传统家具具有的极高的工艺价值、艺术欣赏价值、历史文化价值和收藏价值。三门人艺术形象的思维渗透到生活的各个方面，无论是吃的穿的还是用的，他们都会将之艺术化，这在三门冬至祭祀中都有一定的展现。

其实，三门人的文化特质还有许多，譬如勤劳刻苦、坚韧不拔、嫉恶如仇、孝亲睦族、助人为乐等。他们所拥有的这种传统文化很有现实意义，在今天，仍然需要继承、发展与弘扬，为当前的和谐社会创造更加丰富的物质与精神财富。

楊氏家廟
一九九一年

二、三门祭冬的内容与形式

三门冬至祭祀祖先，一般分家祭和祠祭。家祭是以家庭为单位，在家中设祭；祠祭是在宗祠中举行，祭祀仪式隆重而复杂，是全宗族性的活动。三门冬至祭祖仪式，城乡虽有差别，但大同小异。

二、三门祭冬的内容与形式

[壹]三门祭冬的场所

宗祠，又称宗庙、祖祠、祖厝、祠堂，是一个宗族不可割离的脉搏，是古代建筑中内在的灵魂。礼曰：“君子将营宫室，宗庙为先。”宗祠是供设祖先的神主牌位、举行祭祖活动的场所，又是从事家族宣传、执行族规家法、议事宴饮的地方。宗祠作为曾经盛极一时的家族符号，它既是由中国数千年儒家思想主导衍生出来的功能性建筑，又是一个家族血缘崇拜的圣殿。

走进宗祠，仿佛感受到了时空的变迁、人生的短暂、生命的无常。一年四季，春祠夏禴[1]，秋尝冬烝[2]，四时八节，祭祀不断。“祭如在，祭神如神在”，族人总是认为，祖先就在冥冥之中保佑着家族的兴旺、子孙的繁衍。宗祠祭祖，已然成为汇聚血脉、增进感情、促进精神认同的家族功课和不忘根本、感恩思孝、端行修德的人生功课。

祭祀祖先是精神信仰与寄托的表现，宗祠建筑则是承载与传

[1] 禴：祭名，中国夏商两代在春天举行，周代在夏天举行。下同。

[2] 烝：古代特指冬天的祭祀。

递精神交往的场所。在那里，有远古的气息，有古老的规矩；在那里，供奉着祖先牌位，供奉着天、地、人的大道理；在那里，血脉绵延，传承赓续，生生不息。

三门冬至祭祀祖先，除家祭外，一般于宗祠中举行。

宋代之前，只有公侯才能立庙，以表尊祖敬宗之诚。宋朝朱熹创建祠堂，贵贱皆可立。这种相对简单的“祠堂”，可大可小，各个族群都有能力修建。祠堂也成为全族祭祀祖先、议决宗族事务和凝聚人心的重要场所。通过族人的共同祭祀，活着的人便与死去的祖先建立了心灵上的联系，增强了宗族成员的同源意识。同时，宗祠又是宗族教化的圣殿，族中长老在此宣读宗规祖训，对违规者进行处罚，是宗族的最高法庭。

三门宗祠是随着人口迁徙而逐渐发展起来的。姓氏是人类社会以血缘为核心的亲缘关系的缩影，起源相当久远。姓氏源流就是同一氏族得姓的来源与变迁，中国人的姓氏渊源大多很古老，从一姓到一国一家，姓氏如同纽带，始终连接着每一个人。各姓氏家族经过长期发展和繁衍，族众日益增多，家族为团结族人大兴土木，故建祠之风盛行一时。

明中叶以降，三门地区正处于宗族重建的关键时期。三门城乡，大大小小的家族聚族而居，居则必建有祠堂。这些林林总总的祠堂的功能就在于奉行传统儒家礼制所宣扬的尊祖敬宗之意。而定期所举行的家族祭祀活动，则起着对所有参加者进行传统礼制教化的作用，同时还有强化宗族认同心理的功能。三门地处山海交汇处，民风素来强悍，并随着这种宗族认同心理的增强而不断强化。

三门村落多是一村一个姓氏，每个村都建有自己的宗祠。宗祠除了供奉祖宗牌位、供族人商议大事之外，还建有戏台供娱乐之用。氏族宗祠，也就渐渐演变为族人欢聚一堂的场所。

三门民间建造家族宗祠，可追溯到唐代。隋灭陈，陈皇后裔浮海三门湾畔，隐居于五峰山下浮门村，修建陈皇家庙，供奉先帝遗像，这是最早记载的三门县家庙宗祠。大规模营造宗祠，则在明清两代，明嘉靖时“许民间立庙”，此后宗祠遍天下。各家族经过长期发展和繁衍，族众日益增多，家族为团结族人大兴土木，故一时建祠之风盛行，基本上每一姓都建有祠堂，也有两姓或几姓合建祠堂。据三门文献资料记载，明代大儒方孝孺曾为中门梅氏作《梅长者祠堂碑记》；奉政大夫、右春坊左庶子兼翰林院侍讲学士、长沙李东阳于明弘治四年（1491）中秋望日撰《嵝阳俞氏祠堂记》；明嘉靖三十年（1551）春正月，敕授承直郎、应天府通判、亭旁包家人包湘为上叶叶氏作《祠堂记》。这些祠堂碑记不仅具有文学、书法价值，更为研究三门宗祠文化提供了文字依据，在史学研究等方面有补史、证史的作用，也为研究宗族移民源流、地方经济发展、人物生平考证提供了宝贵的参考资料，这对文献史料相对较为贫乏的三门历史文化研究来说，意义不容忽视。

三门宗祠之多，在浙江也不多见。三门县现存宗祠有一百三十二处，分布在全县城乡各地，可见宗族观念的根深蒂固。三门宗祠大多建造于明清两代，宗祠建筑大多以传统木结构四合院为主，坐北朝南、依山傍水、粉壁黛瓦，包括影壁、门楼、戏台、庭院、两厢及大殿等建筑。宗祠一般采用中轴线东西对称的手法，一进高过一进，展现了严肃、方正、井井有条的理性精神，这种建筑格局不仅符合古代传统建筑的通风透光要求，也表达了族人企盼“步步高升”的良好心愿。从工艺上看，它们各有特色，如大殿追求高旷古朴理念，宽敞明亮；戏台设计精致，富丽而实用。戏台的藻井，往往是整个祠堂的点睛之笔，在工艺上采用最精致的手法，如早期的六角形、圆形等，用镂空花桥层层盘叠，上有古镜；晚期的戏台藻井则大多做成螺旋状，群龙层层盘旋而筑。宗祠的梁枋上的彩画是点缀建筑的又一个装饰，它与楹联、匾额一起，共同营造了古代公共建筑的文化氛围，是古代建筑中不可分割的一部分，充分体现了当时工匠高超的工艺水平和建筑设计成就，为我们了解和研究浙东古建筑提供了极具价值的实体，为我们研究富有地域特色的三门宗祠建筑及其演变轨迹提供了活的标本。

三门宗祠建筑高大宽敞，构架用材粗大，斗拱等饰件雕刻古朴大方，许多宗祠原汁原味地保存着当年的历史风貌。三门宗祠群

是文化遗存中建筑景观和自然的和谐与统一，体现了整体的艺术之美，特别是宗祠里石雕、砖雕、木雕和灰塑等建筑构件，所展现的人物、花鸟、虫鱼和戏文故事等各种内容，栩栩如生，其艺术价值是不言而喻的。至于尚存的数量众多的碑刻、匾额、楹联等，其文字本身就是一件件精美的书法艺术品，集中传递了古代书法、绘画、雕刻等艺术的信息，综合地展示了一个地方的历史人文底蕴，反映出了三门古代建筑的高超水平和艺术特色，具有较高艺术价值。

宗祠是存放乡愁的陈列馆，是安放灵魂的栖息地，是中国传统文化的重要组成部分，其核心是“孝”。宗祠的基本功能是祭祀祖先，祈求祖宗保佑子孙兴旺发达。以血亲关系的延续为纽带，把全体家族成员联系起来，起着维系、团结家族的作用，形成宗族内部的凝聚力和亲和力。宗祠还是一个乡村的中心，它维系着一个村庄、一个姓氏的光荣和秩序。在宗祠里，你总是能看见高悬的名家匾额和硕大的殿柱上的楹联，比如“父子登科”“理学名家”等。它如同一卷绵长的历史画轴，既蕴含着淳朴的传统内容，又潜藏着深厚的人文根基，向后人展示出一种独特的文化内涵。

宗祠大殿安放祖先的神主牌位，上面书写某某祖先的名讳、生卒年月、原配、继配氏姓，有的红底黄字，有的白底黑字，被认为是祖先的灵魂所在，因而也叫“灵位”。灵位的安放也有一定的规矩。正中神龛最为重要，安放供奉本族始祖；左龛为“崇德”，供奉有功

宗祠俯瞰

名出仕、德泽于民的先祖；右龛为“报功”，供奉捐资赠产、大修祠堂、购置族田、创办义学等有功于本族的先祖。此外，其他的历代祖先则按“左昭右穆”的顺序分别安放于偏殿、侧室。除受到出族之罚外，一般男子死后其神主牌位都可进入祠堂。也有部分族人，因敬奉佛道，出家为僧，或娶娼妓为妻及操业卑贱并因而不得参加考试

杨家宗祠

者，均不得在宗祠立位。

宗祠一度曾被简单地定为反动“族权”的象征，许多祠堂纷纷被拆掉，后来又被重新建了起来，一番修缮翻新，重放异彩，恢复了以前的众多功能：祭祀、聚会、议事、倡学、教化等。特别是现在，宗祠还增添了文化活动、书画展览、文艺演出、村史陈列等新功能。

三门宗祠群是无可替代的古代建筑艺术宝库，反映了三门古代建筑的高超水平和艺术特色，对于明清两代建筑学、民俗学、美术学等学科研究都具有一定的历史价值。目前，三门宗祠保存较为完整且最具地方代表性的当属吴岙吴氏宗祠、娄坑俞氏家庙、祁家祁氏宗祠、王家王氏宗祠、路上周周氏宗祠、任家任氏宗祠六处古祠堂，于2010年整体一起申报浙江省重点文物保护单位。2011年1月，被浙江省人民政府公布为第六批重点文物保护单位。

宗祠在，祭如在。祭如在，倍思亲。祭如在，一切在。

［贰］三门祭冬的仪式

三门冬至祭祖仪式，城乡虽有差别，但大同小异。第一件大事是祈天祭祖。据《小岭下陈氏宗谱》记载，“宗祠冬祭者多，清明墓祭者少。吾乡，清明、冬至以分酒食，分猪肉，分馍糍相夸耀，而于祭礼懵然不讲，甚非敬祖之道。《曲礼》曰：礼从宜，使从俗。今以朱子《家礼》为准，参以时俗，定为仪节，载入宗谱，俾吾同族之人有所兴起焉。”

祭祀为最隆重的仪式之一，盖祭祖乃是追念先人，怀水源木本之义，报本返始之意。同时，温习生死两面之感情，庆贺家庭之延续薪传，甚至子孙之蕃衍，后裔之发达，亦莫不归功于祖宗之阴德。

三门冬至祭祀祖先，一般分家祭和祠祭。三门各地过冬至的风俗不尽相同，有或多或少的差异，但是祭祖与吃冬至圆无疑是各地过节时非常重要的一部分，祖先崇拜意识渗透到每个家庭成员的思想之中，影响甚至支配着他们的言行，成为家族成员最重要的宗族活动之一。

家祭是以家庭为单位，在家中设祭，其仪如下：一、奉馔。桌子

竖摆，祭品按神三鬼四、东荤西素的原则，三碗一排，放三排。杯筷放三方，留下门口的那方供烛台香炉。二、上香点烛。到十字路口或家门口祈求祖先们降临。三、酌请。四、跪拜。酌酒三巡，分别跪拜、诵经。五、焚烧纸钱。六、礼毕，放鞭炮送出，并把残烛及香奉送至十字路口安放。

祠祭是在宗祠中举行的隆重而复杂烦琐的对祖宗的祭祀仪式，是全宗族性的活动。在祠祭日前几天就开始准备，布置祭祖事宜，落实人员，推选赞礼人、主祭人、陪祭人和执事等，邀请戏班等，并按照本族的祭规准备好各色祭品。祭品不应过于奢侈，但也不得数量不足，或质量太差。头天，洒扫宗祠，设香案，摆祭品，大殿享堂正中安放列代祖宗的牌位，还要张挂祖先画像，供后人祭奠瞻仰。祖先牌位上不直书其名，而是另起一个称号以示尊敬，通常使用“讳”字。祭祀时有明确分工，主祭人、陪祭人、赞礼、司祝、执事等人员，分别负责司仪、祭祀、读祝词、管祭品祭器、纠察纪律等。冬至日凌晨依事先拣好的时辰开始进行祭冬仪式。时辰一到，宗祠门前顿时短铳齐鸣，铜锣响起，祠堂大门开启，届时，同姓各房子孙按照族中的辈分先后步入祭堂，神情肃穆地排好位置后，仪式正式举行。在祠祭日，合族成年男子都应与祭，即便散居到数十里、数百里以外，每年或每两三年也须与祭一次。族众于祭日的清晨务必风雨无阻，准时参加。与祭者必须身着礼服，衣冠整肃，不得蓬头赤足，或身着短衣小帽。同时，不少宗族除禁止妇女入祠与祭外，还禁止孩童与祭。这是唯恐小孩不懂事，会吵闹、捣乱，破坏祭祀的肃穆气氛。祭祀开始后，族众应依照辈分高低来列队，不得僭越。在按祭规行礼时，不得草草敷衍，也不得乱言、戏谑、喧哗。

祭祖的原则是“必丰、必洁、必诚、必敬”。其中最根本的是“敬”，就是对冥冥之中的祖先心存敬畏，虔诚信奉，“事死如事生”。通过后人虔敬地鞠躬、跪拜、进献等一系列身体行为表达自己对祖先的崇敬之情。

祭祖时宗祠大殿红烛高照，享堂上列祖列宗画像高悬，上供清茶、全猪、全羊等祭品，族人严肃诚敬。三门祭冬由祈天祷福拉开序幕，祈天由问天请天、敬酒叩拜、祈天信报、祭祀者感恩拜天等仪式组成，流程如下：一、问天请天。冬至日凌晨寅时，主祭、陪祭等朝东、南、西、北对天叩拜，行问天请天之礼。二、敬酒叩谢。请天程序后，进行三敬酒，对天行三叩九拜之礼。三、拜天祝愿。主祭、陪祭等虔诚上香、敬酒、对天行三叩九拜之礼。四、祈天申报。感恩上苍恩赐，祈求风调雨顺。五、礼成鸣炮。

祭天祈福仪式结束后，再进行冬至祭祀祖先的仪式，流程为：一、主祭人向祖宗神位行礼。二、主祭人离开享堂，迎接牺牲供品。但在实际祭祖程序中，三牲、祭器、祭品都须事先陈设整齐。三、初献。在供桌上摆放筷子、匙勺、盏碟。四、二献。上羹饭、肉等。

五、宣读祝词。六、三献。上糕点菜蔬、果品。在初献、二献、三献之间，都有上香、礼拜等仪式。七、族人拜祖。八、奏乐。九、焚烧明器纸帛。十、撤走祭品。十一、族人会餐（古人称为“享胙”）。十二、颁胙。

祭献仪式包括上香、读祝文、献饭羹、奉茶、献帛、献酒、献馔盒、献胙肉、献嘏辞（福辞）、焚祝文、辞神叩拜等。有的地方在焚帛烧纸钱时，主祭要在神前献上一杯酒，然后由执事送至焚帛处，将酒酹在上面，酹时将酒滴成一“心”字，以示祭者献上钱帛之虔诚。

问天请天

拜天

在祭祀过程的重要环节，还有几次鸣锣击鼓或弦乐伴奏，为祭礼增添热烈气氛。诵读祭文、焚烧祝文、奏雅乐，以表示人们把自己的劳动成果贡献给天，作为对天滋润万物的一种报答。

在赞礼的号令下，参加祭祀者向祖先叩拜，接着向先人敬茶敬酒，由族内德高望重的老人诵读祭文后，与祭者们齐齐三跪九叩，最后，人手一支燃香，按辈分长幼依次拜祭，行三献礼，列队到祖先牌位前，齐眉拜祭后，将香插入香炉，仪式结束。然后放鞭炮，依次磕头作揖，香蜡燃完即撤掉祭品。

无论是朱子《家礼》文本对祭祖仪节的设定，还是明清时期的

宣读祝词

祭祖实践，都表明三献礼是祭祖仪式的核心仪节，是承载整个祭礼意义和价值的重要环节。三门不同的村落、不同的姓氏在祭祖礼仪上，虽然也存在着进献祭品与祭祖类型的不同，但作为传统祭祖仪式的核心仪节，三献礼通过进献食物的方式将族人对祖先的情感集中表现出来，进献的食物饱含情感的因素。这种通过将悉心准备的最美好的物品奉献给祖先的方式，已经发展成为蕴含传统礼仪文化基因的祭礼模式，也是当代祭祖礼仪的核心仪节。传统祭祖三献礼都配以读祝仪节。祝文是以文字、语言的形式叙述家族历史变迁、颂扬祖先德业，并祈求获得福佑的表达方式。祭品的分享是整个祭祀仪式的重要组成部分，作为整个仪式的最后一道程序，享用祭品，即将祭祖仪式中使用的肉类、面食、蔬果等祭品发给参与此次祭祀的子孙享用。颁胙是祖先给后人赐福的一种方式，是祖先和子孙的一次互动，祖先通过带有福气的胙食，把自己对族人的爱和福佑传递出去，让子孙在食物的芬芳中感受爱，接受福佑。颁胙象征善始善终，普施恩惠，意味着整个仪式的圆满结束，也意味着所有与祭者将共同分享祖先赐予的恩泽。

有祠产者，中午要大设宴筵，族中头脑人、年满六十岁老人及有功名的人皆应邀赴宴，八十岁以上高寿的一人一桌，七十岁以上的四人一桌，其余是八人一桌，吃不完还可以带走。有从六十岁开始分猪肉、羊肉、馒头等祭品，称“老人肉”，增寿十岁加倍，也有按等级分

族人拜祖

族人拜祖

配，称“功名肉”。如《城门曹氏宗谱》中对“领胙肉”作了规定：“主祭一斤，若主祭又系绅矜依例加数，绅矜监生二斤，贡三斤，一榜四斤，两榜六斤，吏目一斤，老人七十者一斤，八十者二斤，九十者三斤。”通过“老人肉”“功名肉”“老人宴”以教育子孙后代尊老敬老与忠孝道德。

祭冬结束后还要请戏班演戏的，称冬至戏。作为传统节日的重要构成部分，祭祖仪式以神圣、庄严为主旨氛围，但祭礼完成之后，冬至作为传统节日的娱乐主题必不可少，娱乐是节日活跃的灵魂，所有的节日都跟娱乐分不开。

关于祭冬的仪式和程序，一些三门的宗谱都有详细的记载，比如《小岭下陈氏宗谱》就有冬至祭祖仪式的详细记载：“至日，主人及助祭者齐集宗祠。鸣金擂鼓，起大乐。开门放炮，奏细乐。序立，当阶对揖，神位前对揖。引赞者领主祭者至盥洗所盥洗。省牲，省祭品。执事者进酒，奏大乐。主祭者酹酒降神，放炮，三叩首，兴。掌号上堂，肃静。主祭者香案前跪，三上香，三叩首，兴。上堂至十世祖××府君偕妣×氏神位前跪，三上香，三叩首，兴。引赞者领主祭者至追远堂一世祖××府君偕妣×氏、二世祖先××公……神位前跪，三上香，三叩首，兴。复位，进毛血，三叩首，兴。执事者进杯箸，进酒。主祭者上堂献杯箸。执事者进细点，进椒医硎盐。主祭者上堂行初献礼，神位前跪。献细点，献椒医硎盐，三叩首，兴。执事者进酒

老人宴

分老人肉

馔于追远堂，引赞者领主祭者至追远堂神主前跪，初献馔，再献馔，三献食，奠酒，三爵并献，三叩首，兴。复位，三叩首，兴。执事者进中馔，主祭者至堂行亚献礼，神位前跪。献中馔，奠酒，三叩首，兴。执事者进大馔，主祭者上堂行三献礼，神位前跪。献大馔，奠酒，三叩首，兴。执事者进食，主祭者上堂献食，侑食，东位打恭，转过西位打恭，下堂复位，三叩首，兴。执事者进羹饭，进茶，进盥洗。主祭者上堂，神位前跪，献羹饭，献茶，捧盥洗，三叩首，俯伏，止乐，读祝。读毕，放炮，三叩首，兴。助祭者及子孙皆跪，三叩首，兴。主祭者至追远堂前跪，三叩首，兴。礼毕乃撤。”这些关于冬至祭祖珍贵的文献资料，为当代祭冬仪式制定提供了第一手资料，也为我们如何更好地继承与发展三门祭冬风俗，让优秀传统文化在新的时代萌生新的活力提供范例。

二十世纪八九十年代起，原先沉寂的宗族祭祖活动复兴，但其内容与仪式与之前相比已发生了较大的变化，其中亦存在一些需要解决的问题。比如现在都削减了宣读族规、祖训、誓词等具有家法族规性质的仪式。在《家礼》祭祖礼仪模式中没有宣读家法族规的仪节设定，但是随着明清时期家族组织的发展，家族规模日益壮大，出于加强家族管理、确保家族秩序的考虑，家族组织增加了宣读族规、祖训、誓词等内容。这些仪式的设定有效地维护了传统祭祖仪式的秩序，也确保了整个家族秩序的良性运行。作为族规、祖训、誓词等家族法规的生存土壤，传统家族组织消失后，它们也随之消亡。建立在自由、平等基础上的当代新型家族组织不再以家族管理为主要责任，也无权对族人进行强制性管理，家族秩序的维护更加依赖于族人内心的自我约束和自我管理。

在消减部分传统祭祖仪节的同时，当代祭祖仪式也增添了部分新仪节。新仪节的增加，体现了新时代民俗生活的崭新面貌，也彰显了新时代民众独特的情感表达方式和价值诉求。

当代祭祖仪式的参与原则是自愿参与，族人在内心情感的推动下参加祭祖仪式，也期望通过仪式实现情感的抒发与满足。通过庄严的祭礼，人们要表达内心无限的孝思与感恩。冬至祭祖既是为了

缅怀先祖，记住祖先的功绩，更是为了提醒后人，要及时行孝，懂得尊重身边的老人，孝敬在世的长者，邻里乡亲和睦相处，生活才更和谐幸福。

1. 杨家杨氏祭冬仪式

三门祭冬历史悠久，目前规模最大、形态最完整、传承最完好的便是亭旁镇杨家村杨氏祭冬，已流传了近七百年。

杨家杨氏祭冬风俗由取长流水、聚族祈天、祭祖、祠堂演戏、宴请老人等仪式和与之伴生的民间风俗文化活动组成。整个祭祖仪式要进行近两个小时。

取水。每年冬至前一天，杨家组织庞大的取水队伍，到大龙岭高山龙潭取水，并举行特有的取水仪式。取来的长流水以备祭祀者斋戒沐浴净手之用，以示杨氏源远流长、子孙绵延不断之意。

甄选祭者。杨家祭冬由值年的一房总负其责，各房监督其是否按传统规例执行。对参加祭冬活动的主祭、陪祭、执事等人员的选择都有严格的礼俗制度，而且非常讲究。主祭一人，陪祭四人，读祝一人，赞礼一人，以及执事八人，童男、童女各一人，都必须在轮值的房族内挑选。主祭必须在房内有三代或三代以上的福禄寿喜齐全的子孙中筛选，以两老双全、子孙兴旺无损伤且威信较高的长者担任。如一房内具备同样条件的老人多，则以辈分高，代数多的为主祭，其他作陪祭。陪祭四人，须在房内有一定威望者中挑选。中华人民共和国成立后，凡参加祭礼仪式的主要人员，均由村两委及老人协会负责在全村中按标准挑选。

召集。冬至祭祖前，由地头保长负责敲锣召唤，杨家村所有墙弄街巷都必须巡到，并要不停地到处敲锣召唤，直到寅时祭冬仪式开始为止，以免族人错过时辰。凡族中年满六十岁的男性老人及考中科举功名的人士，都要携香烛到家庙拜冬祭祖，不满六十岁的子孙，亦可前来拜冬，但不做限制。二十世纪八十年代后，子孙生活富裕，人数日益增多，香烛的大小也互相攀比，重的有一百二十斤一

龙潭取长流水

敲锣召唤

取长流水

童男童女

双，整个礼堂红烛高燃，蔚为壮观。

沐浴斋戒。按照杨氏族规约定，主祭、陪祭、读祝、执事等在丑时先到家庙旁的更衣室沐浴斋戒。寅时前戴上礼帽，换上长衫、马褂等礼服，用稻秆烟熏手，再跨过稻秆烟，解除一切秽气，以示对列祖列宗的虔诚尊敬。

祈天。平时，家庙三扇大门关闭，祭冬时大门只能开左右两扇，中门不能随便开启。必须有杨姓族人考中举人、进士、状元等科举功名，及府台以上显赫官员前来拜祖时，方可大开中门迎接。寅时祭冬开始，在礼炮声中，祭祀人员从家庙两侧大门进入祠堂，开始祭祖。身着黄底彩纹古代服饰的祭祀人员就位毕，净手、敛衽、上香、

召集

保长敲锣召集人员

祭酒，主祭朝东、南、西、北对天叩拜，然后三拜九叩，读祝感恩。

祭祖。祭祀人员就位毕，族人起立，鸣炮奏乐。主祭、陪祭等三拜九叩、三献、读祝。礼毕，族人按次序拜祖。

演祝寿戏。祭冬拜祖毕，戏班祝寿演戏。庆寿剧目必须是“吉祥戏”，庆寿中王母娘

沐浴斋戒

娘、八仙、童男童女等在乐队伴奏中，下戏台至大殿享堂祖像前叩拜，三敬酒。礼毕，回转戏台将蟠桃树授予主祭，主祭将蟠桃树插于祖像前。祝寿完毕后，演全日古装大戏六天六夜。演出剧目有《郭子仪拜寿》《张公仪辞朝》等。演戏要请当地最为知名的戏班，中华人民共和国成立前，戏班以平调、京戏班为主，近年转为越剧班。

老人宴。午时，凡年满六十岁的老人，或有功名的人士，或有职位的名人，祭冬后都可领到一斤猪肉，七十、八十岁的增加到两斤、三斤，功名高的、职位显赫的亦按规定递增，并可参加家庙举办的“老人宴”，品尝冬至圆。凡是杨家村分迁各村的子孙，以及各地杨氏族人，都要派代表前来祭冬，共进午餐。自2007年起，凡居住在杨

祭祖

家村，参加老人协会的，不分男女，不论姓氏，只要年满八十岁的，都可领到五斤猪肉，以此表达尊老之意。

2. 杨家杨氏祭冬的仪式流程

赞礼颂：××年××月××日，乃冬至良辰吉日。冬至阳生，大地复苏，遵奉周礼，杨氏子孙祭冬大典开始，全体族人起立肃穆（鸣炮，奏乐）。

（奏毕）赞礼颂：树有根，水有源，祀祖祭宗，人伦之道，周公作礼，孔子传言，杨家杨氏裔孙特备水花豆腐、刀头净肉、家雁豚首、东海金鱼、刚鬣柔毛、细食馒头、茶果汤羹、酒饭肴馔、蛋胶祝

演祝寿戏——三敬酒

演祝寿戏

面，礼仪齐备，子孙共祭。

赞礼颂：主祭就位、陪祭就位、读祝就位、童男童女就位、执事就位。各位贵宾和杨氏裔孙，良辰好！杨氏自明初建立家庙开始祭冬，至今已有近七百年之历史，历代沿袭不废。此次祭冬大典，主祭、陪祭、读祝、童男童女、执事等根据杨家杨氏家规礼俗规定，经过严格筛选。现在我介绍主祭、陪祭、读祝、童男童女、执事者名单。

主祭：×××

陪祭：×××

童男：×××

童女：×××

执事：×××

参加此次三门杨家杨氏祭冬大典的还有×××等贵宾和×××等村宗亲代表。

赞礼颂：与祭者就位毕，冬祭仪式开始（鸣炮，奏乐）。

主祭、陪祭至案前，叩首，整冠，束带，撩衣进步，净手拭巾。祭祀者先向苍天上香行叩首大礼，再向祖像行三叩首。跪，一叩首，兴。跪，二叩首，兴。跪，三叩首，兴。跪，再叩首。向祖宗敬香。初上香，香入金炉。二上香，香入金炉。三上香，香入金炉。再上香，香入金炉。上香已毕，兴。

赞礼颂：行初献礼（奏乐）。

主祭者初献茶。茶在深山青又青，未至谷雨下山林。客来堂上我先迎，今日制成献祖灵。初献茶，执事者传茶，主祭者奉茶，献茶，茶授执事。执事者传茶至祖像前。

初献果。裔孙齐集祖灵前，敬宗孝祖理当然。桂圆荔枝滋味好，金橘苹果香又甜。初献果，执事者传果，主祭者奉果，献果，果授执事。执事者传果至祖像前。

初献酒。缸缸老酒扑鼻香，精心酿造有奇方。敬献祖宗酒一杯，开怀畅饮乐陶然。初献酒，执事者传酒，主祭者奉酒，献酒，酒授执事。执事者传酒至祖像前。

初献筷。竹在深山翠又青，年年出笋又逢春。精心培育多受用，制成筷子献祖灵。初献筷，执事者传筷，主祭者奉筷，献筷，筷授执事。执事者传筷至祖像前。

初献肴。鸡鸭猪羊地上走，虾蟹鱼鳖水中游。厨师佐料巧调味，盘盘脔脔美味留。初献肴，执事者传肴，主祭者奉肴，献肴，肴授执事。执事者传肴至祖像前。

初献馔。爨[1]玉炊金馔，筵前排列全。青菜青，菜花香，香菇木耳吐芬芳。雪白豆腐葱花拌，色鲜味美有清香。献给祖宗调口味，但愿祖宗乐意尝。初献馔，执事者传馔，主祭者奉馔，献馔，馔授执

[1] 爨：烧火煮饭。

事。执事者传馔至祖像前。

初献食。上白馒头五福开，松花蛋糕香又脆。状元糕、桂花饼，香甜可口花色美。裔孙奉献祖宗尝，恳请笑纳莫相推。初献食，执事者传食，主祭者奉食，献食，食授执事。执事者传食至祖像前。

初献汤。祖宗创基立业恩，裔孙铭记永不忘。尊祖孝心何所见？山珍海味不离汤。初献汤，执事者传汤，主祭者奉汤，献汤，汤授执事者。执事者传汤至祖像前。

初献礼毕，主祭、陪祭者兴，平身，复位。

赞礼颂：亚献开始，主祭者、陪祭者跪，一叩首，兴。跪，二叩首，兴。跪，三叩首，兴（奏乐）。

亚献茶。冬至一阳生，茶丛又转青。陆羽谈《茶经》，捧给祖宗品。二献茶，执事者传茶，主祭者奉茶，献茶，茶授执事。执事者传茶至祖像前。

亚献果。果品盘盘有，盘中味味高。祖宗来受献，剖出赛仙桃。二献果，执事者传果，主祭者奉果，献果，果授执事。执事者传果至祖像前。

亚献酒。筵前祖宗灵，静听不鸣声。初献心未尽，二献表虔诚。一杯又一杯，祖宗笑颜开。虔诚二献酒，鉴纳莫相推。二献酒，主祭者奉酒，献酒，酒授执事。执事者传酒至祖像前。

亚献筷。俎豆列成行，裔孙诚意虔。此时亚献筷，美味先品尝。

二献筷，执事者传筷，主祭者奉筷，献筷，筷授执事。执事者传筷至祖像前。

亚献肴。宰手供时割，厨中佐料造。有肴今在俎，盘盘发馨香。二献肴，执事者传肴，主祭者奉肴，献肴，肴授执事。执事者传肴至祖像前。

亚献馔。水花杂山珍，筵前飘芳香。裔孙亚献礼，祖宗来品尝。二献馔，执事者传馔，主祭者奉馔，献馔，馔授执事。执事者传馔至祖像前。

亚献食。大厨呈妙供，二献宜相当。民以食为天，食从五谷来。二献食，执事者传食。主祭者奉食，献食，食授执事。执事者传食至祖像前。

亚献汤。咸淡调五味，杂俎作羹汤。祀典岂可忘，祖宗席上尝。二献汤，执事者传汤，主祭者奉汤，献汤，汤授执事。执事者传汤至祖像前。

亚献礼毕，主祭、陪祭者兴，平身，复位。

赞礼颂：读祝者就位。恭读祝文。主祭、陪祭同跪，肃静（乐止），恭听祝文。

（祝文读毕，读祝者将祝文在祖像前焚烧）读祝已毕，三叩首，兴，平身，复位。

赞礼颂：三献开始，主祭、陪祭者跪，一叩首，兴。跪，二叩首，

兴。跪，三叩首，兴（奏乐）。

三献茶。茶逢阳春又转春，细摘精挑巧制成。煮茶沏入净瓷盏，捧将茗茶献祖灵。三献茶，执事者传茶，主祭者奉茶，献茶，茶授执事。执事者传茶至祖像前。

三献果。果品人间有，难求天山桃，今逢蟠桃会，偷予祖宗尝。三献果，执事者传果，主祭者奉果，献果，果授执事。执事者传果至祖像前。

三献酒。杜康造酒声名扬，李白爱酒称酒仙。欣闻隔壁三家醉，开坛远送十里香。三献酒，主祭者奉酒，献酒，酒授执事者。执事者传酒至祖像前。

三献筷。象牙雕筷亮晶晶，竹子削箸黄锃锃。双双筷子盘中盛，祖宗挑选喜盈盈。三献筷，执事者传筷，主祭者奉筷，献筷，筷授执事。执事者传筷至祖像前。

三献肴。刚鬣柔毛加翰音，祖德泽长佑后人。筵上有肴成俎豆，盘中珍馐正芳芬。三献肴，执事者传肴，主祭者奉肴，献肴，肴授执事。执事者传肴至祖像前。

三献馔。荤是肴来素是馔，荤素搭配营养好。件件呈予祖灵前，列祖列宗佑后贤。三献馔，执事者传馔，主祭者奉馔，献馔，馔授执事。执事者传馔至祖像前。

三献食。稻花正当日中开，谷雨浸种夏分栽。午时开花未结果，今将此食献祖公。三献食，执事者传食，主祭者奉食，献食，食授执事。执事者传食至祖像前。

三献汤。杯羹奉献祖宗前，列祖列宗相受献。后裔繁衍遵祖训，继承祖业齐向前。三献汤，执事者传汤，主祭者奉汤，献汤，汤授执事者。执事者传汤至祖像前。

献钉。五金矿中藏，技工探测好。良匠开采来，锻炼成秀钉。献钉，敬钉，进钉。一丁发万丁，代代出好丁（众人和：一丁发万丁，代代出好丁）。

献财。生意兴隆通四海，金银财宝涌进来。财源更比水源长，杨氏裔孙大发财。发财致富，丁财两旺（众人和：发财致富，丁财两旺）。

跪，一叩首，兴。跪，二叩首，兴。跪，三叩首，兴。跪，再叩首，兴。

三献已毕，主祭者、陪祭者起立，行叩首礼。跪，一叩首，二叩首，三叩首，兴。主祭、陪祭等平身退位，两旁站立。

赞礼颂：杨氏子孙出弘农，松坛派衍杨家村。冬至祭祖代代传，荣华富贵样样全。

请××村宗亲入内拜祖。跪，一叩首，兴。跪，二叩首，兴。跪，三叩首，兴。跪，再叩首，兴。

族人合众拜祖。跪，一叩首，兴。跪，二叩首，兴。跪，三叩首，

兴。跪，再叩首，兴。

礼毕，撤馔（鸣炮，奏乐）。

［叁］三门祭冬的祭品与摆设

1. 祭器与祭品

据三门民间传说，冬至前后阎王爷共要放七天假，给冥界的人回阳间看望自己的亲人。在物质匮乏的年代里，冬至这个节日可以让平时见不到荤腥的人们打“牙祭”——享受祭祖后九大碗羹饭的美味，吃到甜甜糯糯的冬至圆。

阳间的人为了迎接阴间亲人的到来，要事先准备金纸、银纸做的冥钱，还要准备老酒、饭菜、点心、水果、蜡烛、高香等祭品。

祭祀是邀请先祖、神灵的宴饮。祭品的供奉直接体现了祭祀者对被祭对象的虔诚和敬意，整个祭祀能否顺利完成，能否达到预期目的，祭品的选择至关重要。

虽然不同家族对祭品的处理方式不同，但对祭品所蕴含的意义认同具有一致性。祭品既是后人向祖先表达孝思和崇敬之情的物质载体，也是祖先福佑后人的重要方式，经过祖先赐福的食物是神圣的，人们在祭祀的最后通过分享祭品的方式，获得祖先赐福，获得了心理满足和慰藉，并自此产生自信和力量，为生活提供动力。

冬至日晚上，各家各户在自家的院子里把祭品供上，蜡烛、高香点上，再把纸钱烧了。此间，蜡烛闪着微光，高香飘着烟雾，纸钱在夜空翻飞，给已故亲人“带回去”享用。这是活着的人对死去的人表达追念和哀思的方法。老人向着东南西北默拜，亲人阴阳相见，免不了悲伤，免不了请列祖列宗保佑子孙后代人丁兴旺，人才辈出。人鬼只一线之隔，鬼吃完了祭品，人接着吃，并举杯祝他们一路走好。

宗族冬至祭祖，合族在宗祠举行。冬至祭祖繁简视各姓氏规例而不同，祭品的丰俭也视祖代高低而有差异。至今还流传着宁海出南门“二个半祭冬”之说，说的是南乡杨家、上叶、悬渚、小蒲等几个规模较大的宗族冬至祭祖的盛况。据这些村的老人说，他们的祭冬是皇帝圣旨封的，必须拣在冬至日寅时开始祭冬，而其他村就随意多了，随便什么时候都可以开始祭祀，所以称“偏冬”。但是，不管在任何困难情况下，冬至祭祖是必不可废的民间习俗。

祭祀首先要准备祭器，以备整个祭祀时用。祭器多少不一，视族众贫富置办。祭器平时封存保管，一般不得外借。清乾隆年间编的《仙岩洞大忠祠录》中对祭祀祭器有详细记载：“大鼓一面、锡爵十个、锡酒壶一对、云板一片、瓦香炉三个、瓦酒樽一个、木笾豆十五个、大木烛台一对、小木烛台三对、香案桌一张、小桌四张、献牲大长盘一面、帛箱五个、香炉花瓶一副、祝版一副、石纸炉一个、大木厨一口。”这些祭器有的是用于盛放祭品的，有的是用于摆放祭器的，还有的是祭乐用器。

祭冬时人们可能会选择不同种类、数量的祭品，但一定要保

证祖先面前有祭品。没有任何祭品的祭礼是不可想象的。祭品的存在，不仅是形式上的供奉，更具有丰富的象征意义。它们既是族人心中崇敬之情的承载体，也是仪式象征意义的物质依托，参祭者在祭礼之前通过捐资助祭、准备祭品，在祭祀的过程中将自己和仪式紧密联系起来，将自己参加仪式的心理感受通过外在的物质形式予以表达。同时族人为祭祖捐献金钱、物品是其展示家族贡献的最好契机，在全体族人面前为家族礼仪的顺利进行提供物质支持，这是获得家族认同、提高家族地位的重要方式。

祭品名目繁多，可以是肉食，可以是金玉珠帛，《曹刿论战》说：“牺牲玉帛，弗敢加也，必以信。”其中的牺牲玉帛就是祭品。为祭祀而宰杀的牲畜叫“牺牲”，后来引申为为了正义的目的而舍弃自己的利益甚至生命。祭品牛、羊、猪三牲齐备叫“太牢”或“大牢”，只有羊和猪叫“少牢”，还有鸡、鱼等为祭品，同时还有酒、菜摆在神位前的供桌上。据清乾隆年间《仙岩洞大宗祠录》记载，仙岩大忠祠冬祭祭品有“黍、稷、稻粱、猪一口、羊一口、鱼醢、兔醢、酝醢、形醢、藁鱼、笋菹、韭菹、菁菹、椒、酱、酒一樽、时果四色、纸、烛、帛一端、檀香”。《城门曹氏合族规则》中对祭品也作了规定：“虔备荤素肴馔几席，每席九大碗，汤三食三，花筵数盘，猪一羊一。”又载：“祭礼不得过期，祭品不得苟简，以亵祖先。如过期苟简者罚。”祭祀时祖先牌位前置供桌，桌上摆放香炉、供果、糕点，点香烛、黄表、纸钱等，这些蜡纸为参祭者自带，少则几十斤，多则几百斤。

民以食为天，最初的祭祀以献食为主要手段。《礼记·礼运》称：“夫礼之初，始诸饮食。其燔黍捭豚，污尊而抔饮，蒉桴而土鼓，犹若可以致其敬于鬼神。”意思是说，祭礼起源于向神灵祭献食物，只要燔烧黍稷并用猪肉供奉神灵，就能够把人们的祈愿与敬意传达给鬼神。

三门冬至祭祀，以下祭品是必不可少的。

酒。酒是祭祀中必不可少的最重要的祭祀品，“以为酒食，以享以祀，以妥以侑，以介景福”。在我们先人的信仰中，鬼神是像人又超

祭品

祭品

出人的神物，所以这些神灵与人一样，要食人间烟火，只有把佳酿奉献给神灵，让他们酒足饭饱，才能得到神灵的福佑。俗话说“无酒不成席”，在祭祀之后的聚餐中，酒也是沟通族群之间情感的桥梁。

猪、羊。在祭祀仪式上，与酒同等重要的祭品是猪、羊。祭祀的猪、羊要洗净，用牲的方式有烤、烧等，然后把洁净的、香气飘溢的祭品陈列在祭台上。这充分说明先民认为神与人是相通的，也讲究肉食的洁净和美味。同时，也反映了先民祭祀时的态度虔诚与郑重。

三门冬至祭祖，冬至圆是祭冬的必备祭品，也是冬至的特色食品。三门上路（旧属宁海）一带作兴馅料裹外不裹内的“擂圆”，甜的多裹细豆沙，取团圆之意，有“冬至甜圆”之说。擂圆的制作方法是取糯米粉兑水反复揉成团，再揉成乒乓大小，放入开水中煮，熟后置细豆沙中滚擂而成，所以称擂圆。细豆沙是红豆（本地称细豆）用水浸胀，煮熟，沥去水分，再放铁锅中炒，边炒边将豆压成细粉，焙干冷却后，加红糖、芝麻、炒熟的黄豆粉等混匀而成。而下路（旧属临海）一带一般吃咸圆，就是先把糯米粉搓圆捏成窝，再放进用猪肉、豆腐干、冬笋、川豆扁、红萝卜、白萝卜等多种佐料切成细丁的馅，放开水中煮熟即可。冬至圆平时主要在定亲等喜庆之时，放在川篮（一种柱形、有格的竹制品）里同“米团”配对作为礼物，谐“团团圆圆”之意。

过去，各家族宗祠都有祀田，以保证宗祠春秋祭祀的正常有序进行，并在宗规族训中作了明确的规定，作为子孙后裔行为的准则。如《龙角山郑氏宗谱》记载：“同坐本洋上下田外山五十亩零，土坐卢田，每年轮流收租专供宗祠祭祀之资。一年四仲正祭，其余节序，若清明、中元、除夕、忌日，亦当奉祭，出入必告，有事则告，每逢朔望，率家眷大小恭谒。悉遵文公《家礼》，而行务必孝敬，以尽报本之情。祭器不许他用，祠堂若有损坏，四房协力修葺，敢违慢神灵不佑，众共罚之。尔四子各念祖宗创垂之难，知守成之不易，兢兢业业，秀者日勤苦于诗书，朴者日佣工于耕种。”对祀田的坐落、用场

都作了详细的规定。又《吴都柯氏祖祠考》中对祀田的敬宗收族的作用，要求子孙后裔："祀田未置，礼曰：士有田则祭，无田则止。今无田恐非久远之计，如有继今而作者不拘多寡，或能积丝成缕，积缕成匹，亦可谓补先人之所不及矣，而孰谓非继述之大孝耶。"又如《丁氏续修宗谱序》："惟是又为捐田若干亩，以为冬时祭祀之资，异日者杀豕椎牛，告于家庙，子姓萃止肃肃雍雍，共待长者有礼而遇，卑且少者以恩。"

祭冬所有费用视祖业祀田收入的多寡、经济实力的强弱，规模不等。祖上的祀田由族长（或称会首）管理，收入主要用于清明、冬至祭祀或宗祠的修理等，并在活动结束后向全族人宣布收支情况，富裕时还分给路费。

2. 祭器与祭品的摆设

三门祭冬的祭品摆设，各村略有不同，但大同小异，既是物质财富的展示，也是族人艺术才华的展示。如《吴岙吴氏宗祠祭仪》中就有祭器与祭品摆设的记载："冬至宗祠祭品粥面糕桃、屠苏酒、风寒三友、千张烛，祭祖猪羊荤素各五大盘，十六果子碟，均放在大小锡盘上，在大锡盘上加艺彩戏，开桌冷碟，二十四盆，多也可以，酒食汤羹饭四盏，摆祭烛台每桌一副，台案五祀，彩灯齐明。"

宗祠大殿享堂摆放供桌，香案里壁高悬先祖图像，两旁张贴颂祖敬祖的楹联，前面为蜡烛台架。摆放最前的是五祀。五祀就是用镴铸造的大型香炉与烛台。香炉后边立华表、宝塔、朝板，两边供猪羊。小型精雕的茶谷米格，内放茶、谷、米，摆在五祀前，一大一小，陪衬恰当，这是第一大组。

第二组是大盘，首先是五牲。五牲原指牛、羊、豕、犬、鸡。但有些氏族利用这些肉，巧妙地制成各种形状的祭品。如用猪脚制成龙头，用全鸡制成“姜太公钓鱼”，羊肚制成老虎，鲜鱼巧扮成“鲤鱼跳龙门”，猪肺制成眠牛等。紧接着是六大盘，放的是猪头、鸡、馒头、鱼、馍糍、豆面等。

第三组是小碟。首排为稻（谷）、稷、麦、豆、麻等五谷，也有的用麻、黍、稷、麦、菽（豆）等。五谷后是水果、糕点、药材、小草、树叶等，祭祀者巧妙地利用其特殊形状，制成渔樵耕读、琴棋书画及亭台楼阁。制作时用胶水在碟上书写源远流长、子孙昌盛、五谷丰登、六畜兴旺等吉利词语，筛上白、黑芝麻或彩色纸屑，以显出字样。也有的用泥塑或木雕的八仙、十二生肖、瑞兽等工艺品。小碟花样繁多，充分发挥族人的聪明才智，各显专长。这组里，还要摆设笔、墨、纸、砚文房四宝，以示耕读传家、崇文重教的优良传统。

第四大组是大碗。盛放在大碗的祭品，大都用熟面团捏成宝塔形，再用各种颜色的瓜子或各类果子镶插成各种图案纹饰，并缠绕红绿丝线。大碗中还有婚筵惯用的“五荤五素十大碗”，如鱼、肉、参、胶、丸、冬笋、木耳、香菇、金针菇、青菜等山珍海味。还有冬至

特有食品冬至圆及铁钉、千张等。最后，才是酒、汤等饮品。“十大碗”上斜搁筷子。事前精心培养的结穗的大麦与开花结果的豌豆，也是不可缺少的，以示常年长春，兴旺发达之意。一些族人制作的盆景、根雕之类的工艺品，也可放在桌上展览观赏，以告先祖。

供桌前地上铺稿荐，供人跪拜。桌旁放一盆清水、一条毛巾，以供参祭者净手之用。

旧时，三门祭冬的祭品都是由族中轮值的这一房负责制作摆设的，都是聪明手巧的族人，目睹耳闻，口口相传，代代传承。每年各房轮流准备祭品，互相竞争，看哪一房的祭品最丰富美观，以便年年创新，日臻完善。中华人民共和国成立后，房族意识淡薄，改由村委会与老人协会共同负责，推选能人统一制作摆设祭品。

［肆］三门祭冬的配乐

“鸣金擂鼓，起大乐。开门放炮，奏细乐。”（《小岭下陈氏冬至祭礼仪式》）在大气恢宏、节奏缓慢、风格庄重、古朴沉闷的祭祀音乐中，冬至祭祀祖先拉开了序幕。

音乐被认为是最能与天地神灵沟通的一种语言和工具，在各种祭祀仪礼中发挥着独特的功能，成为人类的精神寄托。先民的祭祀用乐使神人和谐，各种乐器合奏的音乐使庄重的场面具有一定的娱乐性。这种现象作为一种人类文明的文化观念始自远古，延续至今。

祭祀音乐作为礼的需要、精神的需要，在祭祀中不可或缺，追求的是一种庄重肃穆的气氛。在人们的文化观念之中，祭祀中用乐包含了与祖先、神灵同乐的意味。在祭祀音乐中，既有演唱的形式，也有纯器乐演奏的形式，如锣、长号、鼓等。祭祀活动中所用的乐器也成为人化的神器、神化的乐器，是以音代言的教化工具。历史上的祭祀音乐有着极强的实用功能和社会功能，祭祀用乐的范围相当广泛，这是原始宗教观念“万物有灵”的深化与延续。

祭祀活动是人们宗教信仰以及精神寄托的载体，在较长的岁月里，它与人民群众的生活和生产紧密相连，三门冬至祭祀音乐的产生和发展与本地的民间音乐和祭祀习俗有着非常深厚的渊源，它是一种具有中国特色的宗教音乐，也是组成中国民间音乐文化的重要内容。祭祀音乐在精神层面上寄托了人类的情感，音乐所展现出来的功能也是非常丰富的，祭祀是华夏礼典的一部分，也是中国传统的儒教礼仪中的重要内容。祭祀对象主要分为天神、地祇、人鬼，有严格的等级界限之分，所以在与祭者的心目中，敬神、求神、拜祖都有一定的讲究，也离不开祭祀仪式的举行。

明、清时期，锣、鼓、号等乐器被广泛地应用于祭祀音乐、戏曲音乐、舞蹈音乐当中。其质朴方圆的形态，击打时铿锵的震动感，使人过目不忘，充耳常鸣。在三门民间的传统民俗活动中，铜锣、鼓、号等具有广泛的使用价值，并具有群体性、社会性、传承性的特点。

赞礼颂：祭天啰

（大鼓） 咚 咚 咚咚……

（长号） 呜 呜 呜 呜……

（旗锣） 堂 堂 堂 堂 堂 堂 堂 堂 堂 堂堂堂 堂

赞礼颂：祭天啰

（大鼓）咚 咚 咚咚……

（长号）呜 呜 呜 呜……

奏乐

（旗锣）堂 堂 堂 堂 堂 堂 堂 堂 堂 堂堂堂 堂

赞礼颂：祭天啰

（大鼓）咚 咚 咚咚……

（长号）呜 呜 呜 呜……

（旗锣）堂 堂 堂 堂 堂 堂 堂 堂 堂 堂堂堂 堂

三门祭冬配乐与民俗活动相伴生，扮演着重要的角色，起着其他器物不可代替的作用。其乐曲或热烈红火，或肃穆庄重，以乐代言，使民俗色彩愈加浓郁。

喜乐

（小开门）

1=D $\frac{2}{4}$

阮音波 整理

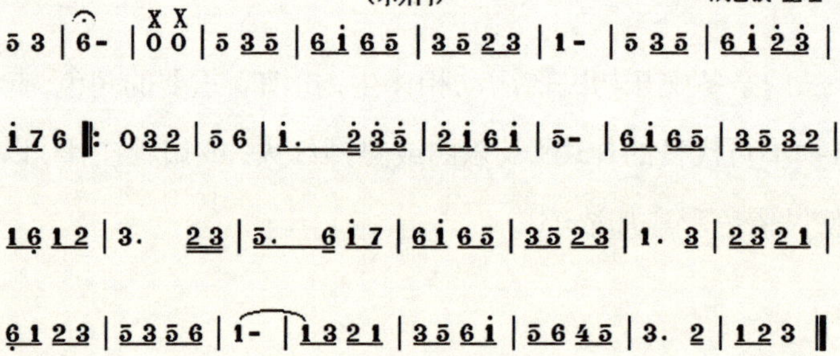

小开门

1=G $\frac{2}{4}$

阮音波 整理

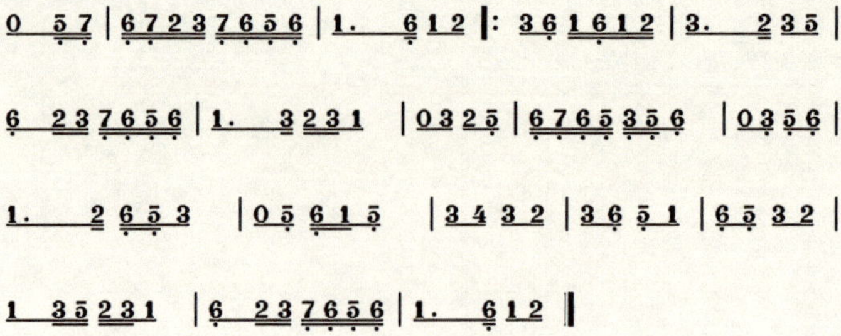

步步高

1=D $\frac{2}{4}$

阮音波 整理

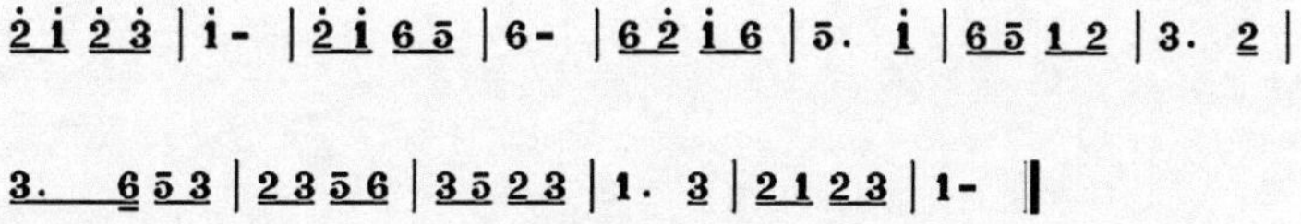

哭皇天

1=G $\frac{2}{4}$

阮音波 整理

中慢

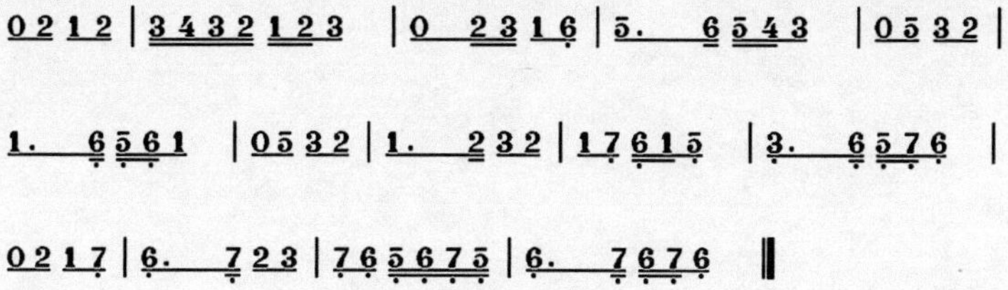

三、三门祭冬的礼仪与禁忌

祭祖礼仪是祭祀祖先过程中以约定俗成的程序仪式来表现的律己敬人的过程，是为维系社会正常生活而要求人们共同遵守的基本道德规范，它在人们的长期共同生活和相互交往中逐渐形成，并且以风俗、习惯和传统等方式固定下来，是宋明以来中国传统社会民俗生活的重要组成部分。

三、三门祭冬的礼仪与禁忌

[壹] 三门祭冬的礼仪

祭祖礼仪是祭祀祖先过程中以约定俗成的程序仪式来表现的律己敬人的过程，是人类为维系社会正常生活而要求人们共同遵守的基本道德规范，它在人们的长期共同生活和相互交往中逐渐形成，并且以风俗、习惯和传统等方式固定下来，是宋明以来中国传统社会民俗生活的重要组成部分。从历史发展看，原始社会就开始出现祭祖行为，但尚未形成统一的行为模式。商周时期，以《仪礼》为代表的程式化、规范化的王侯贵族祭祖礼仪正式形成。到了宋代，朱熹《家礼》的出现开启了祭祖礼仪世俗化的新篇章。自《家礼》创制庶民祭祖礼仪模式，具体包括祭礼的时间、地点、祭祀对象与参祭者、祭品、具体操作仪节五个主要方面，明清时期的民俗社会广泛奉行该模式，《家礼》成为影响中国民俗社会祭礼发展的重要文本。

人是祭礼仪式的设计者、实践者，是礼仪得以进行的原始推动力，只有充分调动所有人的参与热情和积极性，才能保障祭礼仪式长久不衰的延续。冬至祭祖礼仪作为民俗生活的组成部分，承载着人们对祖先的感恩和追忆，也延续着家族的历史文化。从冬至祭祖礼仪的发展历史看，中国传统社会祭礼深受朱子《家礼》家祭礼仪模式的影响，并且这种影响一直延续到了当代社会，成为当代社会祭祀礼仪复兴的重要基础。但由于社会文化背景的变迁，当代祭祀礼仪在保留传统模式的基础上又对具体标准和操作方法进行了调整和革新，试图将传统礼仪模式与当代生活进行结合，发展出既继承祭礼传统又符合当下民俗生活需要的新型祭祖礼仪形态。

祠祭礼仪以宗族的血缘秩序为基础，彰显宗族群体的价值观。维持宗族秩序所需的核心价值是孝道，孝道不仅包括恭敬、奉养父母，而且包括对先祖的虔诚祭祀。孝道的有效实行能使宗族因有序而祥和，因族人的共同参与而睦亲，因祖先认同而增强凝聚力。宗祠祭祖是规模最大、礼仪最隆重的宗族祭祖。古人认为，祠为祖宗神灵所依，子孙思祖宗不得见，见其所依所藏之处，如见祖宗。举族祠祭，宗族都有定例，一般是春秋两祭或春冬两祭，“大宗小宗之祠，各春秋两祭”。唯冬至日“各祭其祠（堂）”，也就是说祠祭只在冬至日进行。

中国人祭祖与西方人信仰宗教不同，它不仅是仪式，更是礼的表达。中国人在祭祖过程中融入了自己对祖先的崇拜、感恩、怀念等多种复杂情感诉求，也通过跪拜、奉献，确认了自己的孝子孝孙身份，开始承担起一份延续家族、文化的历史责任。对每一个中国

人来说，祖先既是家的来源，亦是家的归属。祭祀礼仪是对祖先的祭祀，亦是个人对生活价值的探求，子孙后代通过祭祖的方式把过去、未来，个人、家庭联系起来，品味生活的酸甜，追寻生活的意义。

古代社会和家庭伦理讲究等级观念，所谓的“君为臣纲”“父为子纲”“夫为妻纲”三纲限定了社会和家庭中各成员的地位和角色。同时，在封建儒教经义这张大网中还有“六纪”，它是三纲的延伸和扩大。三纲是“纲”，六纪是“目”。具体名目是诸父、兄弟、族人、诸舅、师长、朋友。在封建思想盛行的三门农村，宗族活动中有着强烈的宗法性，它以男性血统的继承关系为轴心，形成上下等级和远近亲疏的人际网络，嫡长子继承制是宗法制度的关键所在，由此有了大宗小宗、嫡子庶子之分。古代的祭祀也讲究大小辈分和等级观念，孝孙就是大宗子，是唯一的主祭，也是福禄的承受者。诸父为主祭父辈，如叔父、伯父等，因其不是主祭，可知是属大宗宗子下的诸小宗。兄弟为宗子的同辈，如同父兄弟、从父兄弟、从祖兄弟等。如《杨家杨氏宗谱·族规》中就说：“朝廷天位，必在元子，民间族序，首重曾孙，虽分卑年幼，不能经事祭祀，当为祭主……国有君，郡邑有令，家有长，所以主持庶事，绩不身肩，权难下替，有事当禀明处分。”

宗祠祭祖是一年中最隆重的祭祀，由族内子孙集体在祠堂祭祀全族的祖先。主祭者在冬至祠祭前须斋戒三日，祭前一日设位，准备祭器、祭品，次日开始祠祭，还要接受本族直系或旁支宗亲的祭供。如《石岩李氏宗谱》就规定：“凡大节值年者，扫净祠堂，粘贴对联，张挂灯烛，虔备礼仪。祭毕，耆民供以酒食，绅衿给以胙肉，以开世芳之美。”亭旁杨氏连祭服都有具体规定：“祭服，若有爵者，必穿公服，致仕官、候选官、进士、举人、乡贡、例贡等各依职穿补服、朝帼、披肩，监生穿青衫，生员穿蓝衫，祠生、佾生同，以常服奉祭者为

宗祠祭祖

宗祠祭祖

不敬。儒士纬帽靴带，庶人亦必服洁衣，衣冠不整者不得与祭。”

祭祀者在祭祀或行大礼前要沐浴更衣，不喝酒，不吃荤，表示诚心致敬，称为“斋戒”，又简称“斋”。如《小岭下陈氏宗谱》就有冬至祭祖礼仪的记载：“先期一日，主祭者斋戒，备猪羊，具酒馔蔬果，择请房内十二人助祭。”“荤”在现代意义主要指鱼肉类食品，通常与“腥”字连在一起用。古代则不然，斋戒中的不吃荤，并非吃素食、忌肉食。因为这里的“荤”，指葱蒜韭姜等有刺激气味的菜，不吃它们，目的在于防止在祭祀或会客时口里发出难闻的气味，造成对神灵、祖先或宾客的不尊敬。因为祭品是献给神明的礼物，乞求神明的保佑或宽恕。

关于冬至祭祖的礼仪，各氏族都有明确细致的规定，以示对神与祖先的崇敬，约束族人的行为准则。《城门曹氏宗谱》中有这样的记载："在值祭者，当牲醴丰洁；助祭者，贵冠服整齐；盥献者，须致恭而致悫；执事者，务尽礼以尽心。孙子有肃雍之度，祖宗无怨恫之忧矣。"还制定了合族规则，约束和教化族人："冬至值年，首事须于冬至前一日，入祠修洁。宗祠用鼓吹六名，灯几对，灯彩辉煌，各执事绅衿老人俱当入祠，暖冬谒祖，不遵者罚。冬至日宜早晨虔备荤素肴馔几席，每席九大碗，汤三食三花筵数盘，猪一羊一，若盘数缺少者罚。冬至撤馔后，又须备果酒几案，是夜悬灯，各首事在祠办公者，其茶烛俱是头首理，值至岁终。主祭应要议长孙或值年者本房长孙亦可，执事每年悬单，司礼二人，赞礼一人，司香二人，司酒三人，司帛二人，务须严肃，失礼者责。冬至入祠者，皆当衣冠整饬，如十六以上不正衣冠罚。绅衿无故不到者罚，童生不到者叱。"祭礼结束后，将猪肉、羊肉等祭品分给乡绅、长老等，也有将祭品用于宴请参祭人员。

三门祭冬整个祭祀过程经历开端、发展、高潮、结局几个阶段。主祭、陪祭及所有参祭人员，每一个人都怀着一颗谨慎心分工

合作，有条不紊地参与祭祀仪式。冬至祭拜祖先，并不只是单纯纪念祖先，而是明显带着向亡灵敬拜、祈求的意思。据《杨家杨氏宗谱·族规》记载，“祭祀宜敬也，禴[1]祠烝尝值祀者，仪物必备必洁，子孙皆当具衣冠，亲行酌献，敬尽礼慎，勿以无故，勿与失之简略。”参加祭祀者心要虔诚，态度要恭敬，场面肃静，要合乎礼仪，要相信神在，面对神灵要有发自内心的恭敬，如果态度不恭，怠慢神灵，是对祖先的不敬，会受到祖先的惩罚。

冬至祭祀礼仪的外在表现形式是礼仪精神和价值的承载体，是可以感受或触及的物质与非物质表现形式。祭祀礼仪具有固定的模式可以被套用，减轻参祭者在祭礼知识方面的负担，也便于祭祀礼仪进行跨越时空的扩布、传承。但祭祀礼仪绝非只是僵化的动作行为，它是家族生活的文化表达，也是民众内心情感的真实诉说，是存在于生活当中活态的且富有生命力的一种生活方式。当外在的生活环境发生改变，或者人们内心的情感诉求出现变动，作为一种生活方式的祭祀礼仪也会随之调整和更新。

二十世纪八十年代以来，冬至祭祖礼仪作为一个饱含传统文化意蕴的民俗现象在人们的呼唤中再次回归民俗生活。但回归后的祭祖礼仪所生存的社会文化土壤，以及人们对待祭祖礼仪的态度和价值取向都发生了变化。生活在现代社会的家族组织以及民众在恢复

[1] 禴：古同“礿”，夏祭名。

举行祭祖仪式过程中，当代祭祖礼仪在继承传统祭礼模式的同时，在祭礼举行的时间、祭祀对象、参祭者、祭祀经费、祭品和仪节等方面呈现出许多与传统祭祖礼仪不同的、更富有新时期文化特质的特点。

［贰］三门祭冬的禁忌

禁忌是指在一些特定的文化或是在生活起居中被禁止的思想和行为，是民间数千年来形成的规矩和讲究，其具有“神圣”和“不可接触”的意义，在行为上具有“禁止”或“抵制”的意义。禁忌是由“禁”和“忌”两个字构成，身处社会的人早已意识到自己的行为绝不可为所欲为，必须接受一种约束，当社会文明达到相当水平时，较完善的法律发挥着这种限制功能，而在社会处于较原始阶段，尚无完备法律的时候，人们便不得不依靠宗教的禁忌判定，自身划定那不可逾越的鸿沟。

日常生活中，那广泛又神秘的禁忌习俗，给人类布下了无处不在的潜网，诸如婚姻、生育、生产的语言词汇禁忌等。《礼记·曲礼》云：“入境而问禁，入国而问俗，入门而问讳。”总而言之，禁忌代表了一种约定俗成的力量，是一种风俗文化现象，其中既有集体（社会和宗教）对个体的“禁止”含义，又有体现个人心理意愿的自我“抑止”含义，人们在行为规范中自我调节和约束，符合人们生活之需要。

冬至是中国农历中一个非常重要的节气，也是中华民族的一个传统节日，在中国的南方，冬至也是祭祖的日子。直到今天，冬至祭拜祖先、悼念已故亲人的习俗仍很盛行，也形成了一些需要注意的禁忌。

《杨家杨氏宗谱·家训》对参加祭祖者的言行举止作了硬性规定："容止观瞻所系，务饬稳重，尚衣冠颠倒，举止轻狂，谑浪笑傲，酗酒歌舞，不成伎俩，惹人非笑，族中子弟万勿为此，戒之戒之。"冬至祭祖不得嬉笑怒骂，因在宗祠供奉祖先之所，要有恭敬之心，勿用脚去碰祭器祭品，不要大声喧哗，污言秽语，乱跑乱碰，这样做不单只对自己的先人不尊敬，而且对整个祭祀活动构成滋扰。

祭祀祖先时，禁忌"不洁"的人参加，即禁止经期妇女、孕妇、产妇、婴儿、穿孝服者、入产房者、入丧房者、受刑罚者参与其事；禁忌交谈、咳嗽、放屁、随意行动、抓痒；禁忌随地大小便、便后不洗手；禁忌男女幽会、房事；忌食荤腥等，否则会怠慢、亵渎祖先神明。若参拜时，没有水净手，可将手在头顶旋几下表示净手。

裸露肉体是中国封建礼教所严格要求避忌的。在服饰款式方面，民间有"男不露脐，女不露皮"的说法，因而将身体各部位捂遮得严紧是中国服饰一大特色，直到近年间，才有所"开放"。冬至祭祖特别忌穿大红大紫的衣服，应穿素色的服饰，忌穿着短袖、短裤和裙子。另外，忌佩戴红色的配饰（本命年者除外）。

在三门祭冬风俗中，女子一般不参加祭祀活动，甚至连祭祀所用的祭器等都不准靠近、接触，其原因大概源于祭祀净洁观念及对不洁物的禁忌意识。冬至祭拜祖先要分先后次序，依次为父亲、母亲、长男、长女、次男、次女……依此类推。拜祭完毕后，祭品被祖先祝福过，众人方可取食。

四、三门祭冬的文化价值

三门祭冬具有鲜明的地域文化特色，是保存至今的冬至节气民俗活动的代表。通过祭冬，人们深切地表达了对天地自然与祖先的感恩之情，传达尊祖聚族的人伦大义，凸显崇尚祖德、尊老爱老的道德理念，实现聚族睦亲、和谐相处的根本目的。因此，三门祭冬对于弘扬传统美德、增强民众凝聚力、完善社会和谐建设，都有重要的影响和现实意义。

四、三门祭冬的文化价值

[壹]三门祭冬的历史地位

三门祭冬是三门县各村落在冬至节举行的隆重而庄严的拜冬祭祖民俗活动，尤以亭旁镇杨家村、海游街道上坑村、悬渚村与健跳镇小蒲村等祭冬规模最大、程式最完整、传承最完好。三门聚族而居的特征，使祭冬这一民俗得以传承，并一直沿袭至今。目前，依然是三门县各村落极其重要的祭祀和庆贺性节日。

随着农业文明向工业文明的过渡，中国传统节日的文化内涵日渐弱化和流失，仅留下少许的记忆符号。三门祭冬作为中国古代最为隆重的习俗之一，值得被传承并发扬光大，使更多人了解到古代祭祀礼仪，并借此关注传统文化节日。

在中国悠久的历史中，祭祖是一个极为重要且富有浓郁民族特色的文化符号。最初，人们对于梦和死亡现象非常困惑，试图给予合理的解释，于是人类发明了灵魂的概念，并认为灵魂是独立的，会在人睡觉或出神时离开身体，当人死了就会永远离开身体。死人的肉身会腐烂消失，但灵魂一直存在。应如何对待这些神秘且不死的灵魂呢？人们的选择是举行祭祀。祭礼不是外物迫使人那样做，而是出自人的内心。内心有思念亲人、祖先的念头，表现在行为上就是祭礼，所以只有贤明有才德的人才能充分理解祭祀的意义。

祭祖是对祖先和圣贤念念不忘，这是尊祖敬宗、尊师重道和关爱父母长辈的一种方式。我们是谁？我们从哪里来？要到哪里去？……祭祀祖先就是让我们重新开始思考这些问题。对久远的祖先和圣贤，我们尚且念念不忘，那么对眼前的父母、老师，我们能不孝敬吗？对所有的长辈，我们能不尊敬吗？对自已的子女，乃至一切晚辈，我们能不爱护吗？因此，冬至祭祖意义非常重大，提醒我们要尊老爱幼，这是大孝。由此可知，祭祖之根本意义在于教人返本报始、知恩报恩，“孝”是以德治国、和谐社会之要道也。此为古圣先贤提倡孝道之重要原因，正如《论语》中说：“慎终追远，民德归厚矣！”

最早的祭祀行为可以追溯到商朝，出土的甲骨文中就有关于祖先祭祀的文字，如“报”“又”“岁”等。这些祭祀性文字表明祭祀是夏王朝为了祈福求吉而举行的。在夏人的头脑中，祖先是令人畏惧的死神，他们经常制造各种灾祸。为了防止祖先作祟，他们定期举行祭祀活动，通过奉献牺牲的方式取悦祖先等神灵，祈求祝福。这和《说文解字》对“祭”的解释相符合：“祭，祭祀也。从示，以手持肉。”

商代的祭祖行为具有浓厚的祖先崇拜、宗教信仰色彩，到了周

代，祭祖礼仪增加了巩固国家统治的政治含义。从社会结构看，周王朝是典型的宗法社会。周王自称“天子”，是“大宗”，同姓诸侯尊其为大宗子。这种宗法关系直接体现在宗庙设置上。《礼记·王制》谓，“天子七庙”“诸侯五庙”“大夫三庙”“士一庙，庶人祭于寝”。通过礼制严格限定不同身份群体的庙数，彰显了他们的社会等级差异。周代创制的宗庙体制没有被后世延续，但祭祖的文化传统却经久不衰，成为维系家族人伦关系、巩固国家统治的重要工具。

到了汉代，汉儒将孝道思想和祭祖礼仪结合了起来。汉儒找到了中国人祭祖的本源——孝，并进行了深度的理论阐发。自“罢黜百家，独尊儒术”后，“孝”成为汉王朝治国的重要思想根基。汉朝通过优待孝子、不孝之罪入刑律、诵读《孝经》等方式，将孝文化提升到稳固国家政治统治的高度。同时，汉代统治者将孝道推广到政治、经济、教育等社会各个层面，并形成了以家族伦理为核心，逐步向社会伦理和政治伦理扩展的孝文化。

汉代以后，祭祖礼仪秉持着以孝为核心的价值取向，长期活跃在人们的节日礼仪生活中。但在传统社会，礼被认为是区分社会等级身份的工具。根据“礼不下庶人”的古礼规定，庶民长期被排斥在国家礼仪制度之外。在祭祖礼仪方面，先秦至隋唐时期，祭祖礼仪长期是贵族的特权，庶民的祭祖行为被排斥在国家礼制范畴之外，只能以民间习俗的方式延续着。这种两极的局面在宋代出现了转机，科举制度的推行引起了社会阶层结构的调整，士庶阶层的界限被打破，祭祖礼仪变成不同阶层共享的文化权利。

中国祭祖礼仪发展过程中的一座里程碑是朱熹《家礼》的出现，它深刻改变了祭祖礼仪发展的历史轨迹和形态面貌。《家礼》是朱熹编写的冠、婚、丧、祭四礼指南。朱熹考虑到人们举行祭礼时可能遇到的诸多难处，认为不用拘泥于烦琐的礼仪要求。为了保证可操作性、普及性，朱熹对传统祭礼进行了提炼，按照祭祀时间、地点、人物、器物、仪节五个主要方面制定了祭礼基本模式。这个模式成为宋明以来中国人举行祭祖礼仪的标准范式。

[贰]三门祭冬的现实意义

1. 祭祖乃认识家国历史之根本大事

章太炎先生曾说过：“国之有史久远，则亡灭必难。”现代历史学家钱穆先生言：“断断无一国之人，相率鄙弃其一国之史，而其国其族犹可以长存于天地之间者。”人生短暂，仅以个人经验所得智慧甚少，若以历史为长坐标，得到的经验就是无限的。对家族历史熟悉的人，必然会更爱其家，爱家为爱国之根基，爱家者焉有不爱国之理？古代祭礼所推行的正是对家国历史的认知和教育，这是祭祖礼仪特别明显的教化功能之一。

国家的凝聚力以民族文化为根基，民族文化又以家史、国史为依托，家史、国史可以使得子孙后代知古鉴今，以史资政，从而延续

优秀民族文化，形成更加强大的民族凝聚力。在这一系列的因果规律中，祭祖无疑起到了重要的中枢作用。祭祖既是中华民族文化凝结了悠长家史、国史中的经验精华而得到的智慧果实，又是未来民族文化能否传承，家史、国史能否为后世镜鉴的关键所在。祭祖，如同它所体现的孝道和师道一样，真正起到承前启后的作用。

2. 祭祖乃知恩、念恩、报恩的人性教育

三门县《吴岙吴氏家谱》中有元代吴昌四制定的《家训十九条》："祭以追远，所以奉先而垂后也。宗祠之祭，以尊崇太祖。祠若颓圮，何以委幽灵，嗣后族长率族属，一岁一修治焉，俾勿坏。""四时家祭，随有无为，丰俭务须尽恪尽敬，不可因贫乏而废。阙祭之日，必群集一堂，无敢不至，不惟安先灵，亦所以序生者之昭穆也。"祭祀天地、祖先与圣贤，实际上就是对祖先的知恩、念恩、报恩的人性教育，使人不忘父母生育抚养之恩，不忘圣贤教导之恩，感念天地恩泽承载之恩，是人伦常情。顺人性乃致人之道，顺物性乃兴物之道。知恩方能图报，必舍生取义，大公无私。如同父母之于婴儿，生养而不据为己有；如同师长教导学生，奉献而不居功自恃；如同天地之于万物，推动而不独裁索取。皆是默默奉献、不图回报。

祭冬当务之急乃恢复礼制，礼制必须以祭祖为教化工具，唤醒人们本性之纯善纯美，即每一个人与生俱来的爱亲、敬兄之良知。祭冬形成、传播至今，依然在发展并影响着人类生活的方方面面，满足人类对精神世界的追求，促进社会组织的有序发展。

作为中华儿女，以真诚恭敬之心，希望国家大力推行祭祖这一人伦教育，启发良知，净化人心，若要民德归厚，必慎终追远。祭祖是中华民族孝亲尊师之共识，三门冬至祭祖是这种优秀文化的体现，这种亲敬之情深深流淌在每位中华儿女的血液中，如能激发此共识，必能凝聚全中国人民力量，团结民族精神，为复兴伟大民族之中国梦奠定坚实基础。

三门祭冬具有鲜明的地域文化特色，是保存至今的冬至节气民俗活动的代表。通过祭冬，人们深切地表达了对天地自然与祖先的感恩之情，传达尊祖聚族的人伦大义，凸显崇尚祖德、尊老爱老的道德理念，实现聚族睦亲、和谐相处的根本目的。因此，三门祭冬对于弘扬传统美德、增强民众凝聚力、完成社会和谐建设，都有重要的影响和现实意义。

堂

五、三门祭冬的传承与保护

就目前而言，三门冬至祭祖还远未达到『大如年』的境况，这就需要广大文化工作者深挖主题、扩大载体、丰富活动、广泛吸引，需要深入研究、策划、组织，甚至投入大量的人力物力，需要坚定信心、坚守方向、坚持始终，只有这样，『冬至』才能回归它『大如年』的本来面目。

五、三门祭冬的传承与保护

[壹]存续状况

古时候人们普遍认为，冬至节气是我国二十四节气的起点。因为冬至一到，新年就在眼前了，所以，古人认为冬至的重要程度并不亚于新年。古人又认为，冬至过后，白昼的时间一天比一天长，阳气上升，是个吉祥的日子，值得庆贺。

根据史料记载，早在周朝，冬至日便有“天子率三公九卿迎岁”以郊祀祭天的记载。汉代以后，冬至开始成为民间的一种节日。唐宋时代，冬至的地位更为重要，当时人们甚至认为“冬至”与“岁首”并重。每到冬至这一天，皇帝要亲自举行郊祭，即祭天，百官要进表朝贺。

三门人就此以冬至日为新年，起源很早，从泰伯和仲雍南奔，建立勾吴开始。但随着农业文明向现代工业文明的转变，冬至的节日重要性有所降低，祭冬赖以生存、发展的社会基础发生了变革，传统民俗节庆活动逐渐淡化，有些风俗出现自生自灭的现象，表现比较突出的是民间自发传承的饮食文化和祭祀文化。从历史上看，倡导、推动冬至习俗，官方乃至帝王功不可没。

现今祭冬场面

现今祭冬场面

今天，传统祭祖仪节在当代祭祖仪式中被保留了下来，同时人们也根据家族自身特点对传统祭祖仪节进行了适应性调整。要保护和传承好冬至习俗，使之发扬光大，政府、文化部门和各行政村应当有所作为。

就目前而言，三门冬至祭祖还远未达到“大如年”的境况，这就需要广大文化工作者深挖主题、扩大载体、丰富活动、广泛吸引，需要深入研究、策划、组织，甚至投入大量的人力物力，需要坚定信心、坚守方向、坚持始终，只有这样，“冬至”才能回归它“大如年”的本来面目。

1. 三门祭冬重要村落

(1) 杨家杨氏祭冬

杨家位于三门县城海游南9.5千米，东临上蔡、叶家庄两村和灵凤山，南近狮岭村、狮子山，西毗虎山、上鲍村，北靠鹤山（旧称亭山）、花湾村，为亭旁镇人民政府驻地。全村1250余户，4500余人，为三门县最大的自然村。

相传，亭旁古时居民杂姓众多，至元朝末年，包、杨两姓方迁居于此。后来子孙繁衍，遂为包、杨两姓聚居之地，这里曾流传“前有唐、林、应、谢、周、王、郭，后有包、杨晚来临”这样一句古话。明代，亭旁就颇为兴盛。据民国《中国古今地名大辞典》载，“亭旁镇在浙江宁海县（今属三门县）西南六十四里。清时台州府同知驻此。今有设县之议。”清康熙四年（1665）为台州海防分府驻地。同治二年（1863）为宁海县理民分县县丞署驻地（原海防分府旧址）。民国元年（1912）为亭旁执法署（后改为亭旁区官署）驻地。民国五年（1916）为亭旁自治公所，又先后为鹤山镇、亭旁镇及包家和杨家两乡公所驻地。

亭旁杨氏，鼻祖叔虞，系周武王姬发三子。传至十三世伯侨，被封为杨侯，为杨姓受姓之始祖。汉初，杨氏在弘农地区繁衍成为巨族，以杨震最为知名。浙院杨氏系杨震第五子杨奉之后裔，这一派又衍生出三门杨氏。据民国《亭旁杨氏宗谱》记载，宋景定元年

(1260)，宁海松坛（今黄坛）杨宁，字仲和，乃宋朝进士。迨元袭宋，族叔应龙（又名杨镇龙）等谋革命，因事不济，避迁亭旁大龙岭下，四望徘徊，占山水之秀，酌风土之宜，不禁盎然，曰："美哉，亭旁也！堪为木之乔，凤之栖矣！遂卜居于兹。"其后孙枝繁叶茂瓜瓞绵绵，因系杨氏聚族而居，故名杨家。后分迁善岙杨、王村、梅坑杨、善见、山后芦、山上杨、叶家山、半岭等地。

杨氏家庙位于杨家村中部，创建于明洪武年间（1368—1398），清乾隆四十九年（1784）重建。建筑坐北朝南，平面呈"凸"字状，总占地面积1100平方米。四合院式，沿中轴线自南向北依次为门厅、戏台、正厅二进建筑，门厅与正厅两侧分别设两层厢房。家庙布局规整，建筑高大宽敞，保存尚好。

杨氏家庙建成后，杨氏子孙就把冬至祭祖作为尊祖敬宗的头等大事，逐渐形成一套隆重而完整的仪式，历代相传不废，至今已有近七百年的历史。不管在怎样的困难情况下，包括"文化大革命"期间，杨家杨氏后裔仍偷偷在家庙中祭祀祖先。二十世纪八十年代初期，随着改革开放的春风，杨家杨氏又开始公开冬至祭祀祖先。

旧时，杨家祭冬由杨家五房轮流值年。轮到值年的一房，负责全部祭祖事务，包括制作摆设祭品，请戏班，以及筹办酒食、接待族人等事宜。中华人民共和国成立后，村里房族意识有所淡薄，冬至祭祖则由村两委与老人协会共同负责。

杨家祭冬整个仪式由取水、祭天、拜祖、演戏、老人宴和与之伴生的其他民俗文化活动组成。

（2）上叶叶氏祭冬

上叶旧称纡岸，位于三门县城海游西南4.5千米。纡岸叶氏由上坑、下坑、下达田、上坎头四村组成。南临珠游溪，北靠药王山，系河谷平地，为长方形的块状聚落。共有1512户，总人口4389人。

晋太康年间（280—289），叶氏二十五世叶硕为大将军，食邑吴郡，自丹阳句容迁居浙江睦州（今建德），为睦州叶氏始祖。唐僖宗年间（873—888），叶氏四十六世叶进希自睦州迁宁海杨顺（今属珠岙），为台州叶氏祖。叶进希生四子，三子文宗生二子。文宗次子景迁生六子。景迁三子温恭生仁赞，迁居纡岸。自此，叶氏一脉便在纡岸发展壮大，子孙绵延不绝，成为当地旺族。

纡岸叶氏历代人才辈出，十七岁登进士的叶培、布衣入明史的叶良仲、博学善书的叶夷仲、建文名臣叶惠仲、外翰林叶学海、一代名医叶高广等都是绕不过去的人物，而让乡人引以为豪的便是元末明初的叶良仲与族弟叶夷仲、叶惠仲。此兄弟三人文韬武略嘉猷过人，人品才学并垂青史，声名赫赫，堪称“叶氏三杰”。更令后世自豪的是三人均入《明史》列传，叶良仲、叶惠仲被崇祀宁海乡贤祠，叶夷仲被祀府城十贤祠，这不仅被叶氏后人视为无上的荣耀，在台州的历史上也是绝无仅有的。

纡岸叶氏宗祠旧址在药王山北麓、桥亭之东，也就是现上叶中心小学。叶氏宗祠创建于明嘉靖三十年（1551）正月。明承直郎、应天府通判包湘在《纡岸叶氏祠堂记》中有描述："址则实实然，楹则穹穹然，栋宇则炳炳然，房庑则秩秩然，而复缭以垣，壁彩以门楣，周以器具，蓄以祀仪。"清康熙三十五年（1696）九月重建。乾隆四十六年（1781）扩建大殿，"地倍于前，材皆合抱，堂之高大视旧有加"。乾隆四十八年（1783），建两厢，左右各六间，始成规模。清岁进士朱章程《重修祠堂记》载："每冬至祭祖演戏，妇女来观者各有去处，不至混杂。"

"文化大革命"前，上叶四村每年冬至都轮流在叶氏宗祠祭祀祖先，演冬至戏，规模宏大，为宁海南乡"二个半祭冬"之一。"文化大革命"期间，叶氏宗祠被拆毁，冬至祭祖由于缺少场所而停止。1999年起，上叶四村又轮流冬至祭冬、演冬至戏。

（3）小蒲林氏祭冬

健跳镇小蒲位于三门县城海游东11千米，地处马向山西北麓，三面环山，唯北面为滨海平原，块状聚落，略成半月形。由小蒲、郑公山两个自然村组成，共653户，2326人，均系汉族。

林氏旧居福建莆田，宋庆历年间（1041—1048）迁居象山鸡鸣。元至顺年间（1330—1333），林襄（号文林）为盐运使司盐大司，见此地山明水秀，谷深林茂，山环海口，水涨坡塘，溪清谷幽，景色宜人，而择小埠茶山而居，为小蒲林氏一世祖。为尊祖意，称莆田为大莆，自称小莆，因村滨海边，故加水称小蒲。绵绵七百年，背山面海，农耕渔作，虽地处海隅，“忠孝”育人，耕读传家，人文荟萃，清代举人林炳宗，著名教育家、书法家章梫，现代著名作家林淡秋都出生在这里。

林氏宗祠始建于清初，名曰“追远堂”，天台禀膳生奚燧林曾作《追远堂记》：“以始迁者奉为百世不祧之位，此林氏子所以首宗文林公也。鱼鱼雅雅，春秋享祀不忒，而长至之期，必奏钧天雅乐，数十传子姓群服，蓝袍稽首祠下，诚得大报。本追始之义，尊祖故敬宗，敬宗故收族，故宗庙严追远之道，所系大矣。爰申其义，而为之记。”

走进小蒲，漫步光滑的卵石铺就的幽深小巷，高耸的白墙黑瓦，直入云霄的旗杆，修饰一新的双桂书院，巍峨郑公山，溪畔的石碾群，还有因抗倭而筑的巡检司古城，林淡秋笔下的故乡小景，都让人感受到小蒲村背山面海、农耕海作的浓郁乡土氛围，一股远古的气息弥漫其间，到处都留下传统文化的深深烙印。

小蒲村林氏祭冬是宁海南乡“二个半祭冬”之一，有几百年的历史，历代相传。直至1962年，由于“破四旧”而中止。1996年，林氏宗祠由于年久失修而被拆除。2002年，小蒲村两委千方百计筹集资金，重建宗祠，村老人协会经多方努力，终于恢复冬至祭祀祖先

习俗。

（4）悬渚俞氏祭冬

悬渚村位于三门县城东南4.5千米，东靠落脉山麓，南依岩头山，西毗悬渚陈和外俞村，北临方卢村。块状聚落，略呈三角形，系河谷平地。据当地《俞氏宗谱》载，此地东面靠山，南、西、北面近水，围绕数里，波流萦洄，朝宗其闻，上有沙渚，望之若悬崖，故名悬渚。唐末，始祖由青州徙居于新昌五峰山。元代，俞仲广自新昌迁居于此。全村总人口2907人，居住户数1040户，是海游街道第一大村，为俞氏聚居地。

悬渚村历史悠久，据南宋《嘉定赤城志》载，“悬渚镇，在县南七十里，武德中（618—626）建。”《嘉定赤城志》还记载悬渚曾设有驿站、粮仓、酒坊等官方机构，历代县志也有相同记载。

悬渚山清水秀，名胜古迹众多，如慈胜寺、东山殿、烽火台、“仙人搭桥”、“渴虎饮泉”等。悬渚村人才辈出，俞圣琪、俞圣舟、骆芃芃等都是其中的代表。

悬渚俞氏家庙位于村中部，始建于清康熙年间（1662—1722），1952年重修。建筑坐北朝南，总占地面积1085平方米。四合院式，前后两进，左右两层厢房，第一进山门二层七开间，明间后檐设戏台，施藻井，单檐歇山顶。第二进正厅三开间，硬山式人字坡屋顶。厢房三开间。俞氏家庙布局规整，保存较好，建筑高大宽敞，构架用材粗大，具有一定的历史、艺术、科学价值。

据《悬渚俞氏宗谱》记载，冬至祭祖是俞氏族人重大民俗活动，始于明，盛于清、民国时期。中华人民共和国成立后，由于各方面原因，俞氏冬至祭祖民俗活动一度停止。2014年，为了弘扬俞氏传统美德，教育后人勤耕俭读，报效国家，凝聚族人和睦相处，构建和谐社会。悬渚村两委及老人协会非常重视俞氏冬至祭祖习俗的传承，多次召开会议，落实相关祭冬工作。村两委干部各负其责，村老人协会具体操办，使中断七十年的冬至祭祖民俗活动得到恢复传承。

悬渚祭冬也和三门其他村落一样，祭冬程式由取湫水山龙潭长流水、祭天、拜祖、祝寿、聚餐、演戏等相关仪式组成。整个祭冬活动规模宏大，祭祀场面庄严肃穆，祭冬文化丰富多彩。

（5）西渡丁氏祭冬

健跳镇西渡村位于三门湾畔、湫水山麓，三面环山，林壑幽奇，层峦挺秀，由西渡、西渡庄、种子场三个自然村组成。东有笔架连云、狮峰映日；南有龙德岭，可达罗岙水库；西有碧桃洞口、白石岗头；北临蛇蟠洋，大海回环；中间平畴沃野，属滨海平地。这里不仅风景秀美、资源丰富，还盛产闻名全国的三门青蟹、缢蛏等水产品。正如古人所云：“山海之利，丁氏其兼之。”

始祖直阁学士丁远，世居福建之长溪，五代时，率家眷避居于浙东南沿海，瓜瓞绵延，簪缨奕世。十三世祖丁舜日迁居小横渡丁家

园。十六世祖丁绍祖自小横渡改迁罗岙，至十九世祖丁元宵于明初自罗岙择居西渡，为西渡丁氏始祖。因村位于尖坑山之西，当时村前又是海港，往返必用渡船，称为西渡，并以此名村。因“渡”“洞”谐音，被误称为西洞。清朝名为“西洞丁”。1982年，地名普查时，改正为西渡。

近年来，西渡村因地制宜，依托自身丰富的自然资源，深入挖掘当地历史文化，进一步丰富乡村的文化内涵，确定了村庄发展思路，深入开展美丽乡村建设，改善村民人居环境，提升村民生活品味。2013年被列为浙江省历史文化村落保护一般村。2014年末，全村有农户638户，2239人。

西渡村丁氏冬至祭祖自清康熙十七年（1678）丁氏宗祠建成后逐渐形成，中华人民共和国成立后一度停止，改革开放后又得到恢复。

中华人民共和国成立前，族中有祀田一百二十亩，以供祭冬费用。祭冬由族中十二房轮流主祭，轮到哪房，哪房种祀田，祭品也由该房负责置办。祭冬祭器非常讲究，都用银子打制。祭品有生猪一只、羊一只，先祭天地，后移至祖宗灵位前，再摆上事先准备好的三十六盘糖果。这三十六个形状各异、大小不同的盘子，合拼成一个大圆盘，直径有128厘米，这三十六盘糖果也各有含义，如五谷、五兽预示着五谷丰登、六畜兴旺；钉、纸钱表示丁氏子孙后代丁财两旺、子孙昌盛。荔枝、桂圆、红枣预示着一家人顺顺利利、团团圆圆、红红火火，日子越过越美好。祭冬时，十二房头脑人穿着不同颜色的服装，神情肃穆，依次叩拜祖先。西渡丁氏祭冬用的蜡烛也是预先订制，重5.8斤。祭祀时有两条活鲤鱼养在铜盘里，喻示着鲤鱼跃龙门，后代子孙飞黄腾达。

西渡丁氏冬至祭祖基本程序：一、序立。按长幼尊卑排位，执事人各就各位。二、出主。请出神主牌位，鸣炮三响。三、燃烛。灵前点两支大蜡烛，四周也要点上蜡烛。四、焚香，鸣炮三响。五、跪叩。六、荐食、侑食，敬献祭品，奏乐，第一次献酒。七、诵读祖训，教育子孙忠君爱国、孝敬父母等。八、再献。第二次敬酒。九、诵读祝文。十、三献，第三次敬酒。十一、焚祭文并烧纸钱。十二、纳主。将神主牌位送还原处，鸣炮三响。十三、礼毕。清理祭祀场地，关祠堂大门，鸣炮三响。

祭冬仪式结束后分猪肉，按族中规定，男子六十岁以上每人1斤，七十岁以上每人1.5斤，八十岁以上每人2斤，有小学毕业文凭的每人3斤，由族人敲锣打鼓送到每人户里，以示敬重。

2. 三门祭冬重要村落传承谱系

（1）杨家杨氏祭冬传承谱系

第一代：杨宏僚，男，生于清道光五年（1825），亭旁镇杨家人，精通祭冬礼仪流程。

第二代：杨道蔡，男，生于清同治三年（1864），亭旁镇杨家人，

精通祭冬礼仪流程。

第三代：杨道彬，男，生于清光绪十八年（1892），亭旁镇杨家人，擅长制作祭品，熟知礼仪流程。

第四代：杨兴亚，男，1931年生，亭旁镇杨家人，精通祭冬礼仪流程，会祭文喝祝，省级传承人。

第五代：杨成来，男，1944年生，亭旁镇杨家人，热衷并熟知祭冬活动。

（2）上叶叶氏祭冬传承谱系

第一代：叶以淑，男，生于清咸丰三年（1853），精通祭冬礼仪流程。

第二代：叶荣叠，男，生于清光绪九年（1883），精通祭冬礼仪流程。

第三代：叶信兴，男，1914年生，熟知祭冬流程，擅长制作祭品。

第四代：叶阿朝，男，1944年生，懂祭冬礼仪流程，会喝祝。

第五代：叶信春，男，1964年生，热衷并熟知祭冬程序。

3. 三门祭冬代表性传承人

杨兴亚，男，1931年出生于亭旁镇杨家村，毕业于亭山小学。自幼好学，博采众长，热爱乡土文化。中华人民共和国成立后参加土改工作队，并在家中经营一家小店，做些小买卖。1952年公私合营，小店并入亭旁供销社，随之进入供销社，负责财会工作。1981年，退休，被聘请到亭旁区工办，担任会计，直到撤区并乡。1989年，被聘为三门尚义中学会计。2012年，尚义中学撤并后才回家颐养天年。

1988年4月，杨家村老人协会成立，杨兴亚负责财务工作，先后担任会长、副会长，工作任劳任怨，不计报酬，深得杨家村老人的信任。杨兴亚参与号称“天下第一长龙”的杨家板龙恢复工作，亲历了杨家板龙2004年以414米的长度打破吉尼斯世界纪录、2007年列入浙江省非物质文化遗产名录等事件。杨兴亚青年时就开始参与杨家祭冬民俗活动，善于学习，不懂就向一些老人请教，吸收其他村落优秀的祭冬风俗，熟知杨家祭冬程式礼仪，会祭文喝祝，是一位多才多艺的民间艺人。二十世纪八十年代初期，杨兴亚参与杨家祭冬的恢复，为使杨家祭冬更符合古代礼仪并有所创新，他潜心研究，挖掘内涵，使杨家祭冬风俗在原有的基础上发扬光大。杨兴亚口传身教，不厌其烦地辅导、培养三门祭冬的传承人，为三门祭冬的传承和发展作出了很大的贡献。2010年8月，被列为浙江省第三批非物质文化遗产代表性项目传承人。

杨成来，男，1944年出生于亭旁镇杨家村，自幼爱好唱戏，能弹会唱。十五岁初中未毕业，就拜本村民间艺人“小生孝”学习平调三腔，得到真传，成为当地一名出色的戏剧小生。三腔为地道的亭旁曲调，其语言也具有浓厚的亭旁乡土气息，不少对白采用亭旁方言。

三腔唱腔高亢有力，剧情跌宕起伏，语言爱憎分明，演员情感流露真切，让群众产生共鸣。杨成来常年在周边各村演出，擅长的剧目有《梳妆楼》《粉妆楼》《十五贯》《狄青比武》《三打白骨精》《逼上梁山》《李陵碑》《朱砂球》《高平关》《双合桃》《闹九江》《赐黄袍》《无底洞》等。

杨成来心思细腻，刻苦琢磨，勤学苦练，虽然文化程度不高，但善于学习，一上舞台，几句唱词，几招动作，就会赢得全场的喝彩。十七岁就参加县里戏剧会演，得到行家的一致好评。

“文化大革命”期间，农村剧团被解散，由于杨成来天生就善于表演，被吸收到公社宣传队，到各个大队巡回演出，以演出样板戏为主，夹杂着一些“忠”字舞之类的舞蹈。“文化大革命”结束后，杨成来年纪也大了，一边重温唱腔和动作，一边指导新人排戏。先后到宁海县麻岙、下洋周，象山县马岙等地教戏。他所教的学生中就有浙江小百花剧团的演员。

由于自幼学习表演，杨成来基本功扎实，字正腔圆，五十一岁时参加杨家村老人协会，就参与了杨家板龙、杨家祭冬相关活动，在杨兴亚等的帮带下，熟知杨家祭冬的礼仪，是三门县县级非物质文化遗产代表性项目传承人。

[贰] 保护措施

三门祭冬是国之瑰宝，一旦失去它，就是永远的损失和遗憾。

在三门县委、县政府的重视下，三门县文化广电新闻出版局和有关部门做了大量的抢救、保护工作，采取了许多卓有成效的措施，主要有下述几个方面。

一、成立了三门祭冬保护与传承领导小组和办事机构，其成员由县、乡镇和祭冬重要村有关人员组成，具体负责、指导和协调全县冬至祭祖的保护和传承工作。还专门成立了三门祭冬文化研究会，对三门祭冬的保护、传承、弘扬作出了全面规划。

二、制订了三门祭冬五年保护内容与计划。利用三门宗祠及文物古迹等传承场所，征集祭冬风俗实物及历史文献。加强传承人保护，培育新传承人。规范完善拜冬祭祖仪式流程，传承保护三门祭冬忠孝文化和崇尚尊老爱幼的思想理念。

三门祭冬抢救和保护工作主要内容如下。

1. 收集：根据普查情况，三门各村落都有祭冬习俗，但亭旁镇杨家杨氏、海润街道上叶叶氏、悬渚俞氏、健跳镇小蒲林氏、西渡丁氏等姓氏都有完整的祭冬礼仪流程，除对全县重点村落祭冬习俗内涵挖掘外，还要对其余各乡镇大姓村落进一步普查、研究，挖掘出三门祭冬习俗的历史文化价值，建立三门祭冬数据库。

2. 整理：做好三门祭冬相关故事、传说、歌谣、楹联等民间文学的汇编工作。

3. 保护：规范完善三门祭冬仪式流程，保护习俗实物及历史

文献。

4. 传承：保护传承人，开展祭冬传承活动，培育祭冬习俗新传人。

5. 传播：开展三门祭冬文化内涵的研究，利用数字传媒，加强宣传，以三门祭冬为平台，培育“三门祭冬节”，形成三门独特的区域民俗文化品牌。

6. 研究：编辑出版《三门祭冬》。

三门祭冬抢救和保护工作五年计划措施如下。

2014年保护措施：建立三门祭冬文化研究会。挖掘、整理三门祭冬文献资料，建立三门祭冬保护机构。预期目标：文献资料得到整理，专题拍摄如期完成，保护机构健全，保护经费列入县年度财经预算。

2015年计划措施：开展祭冬历史文化内涵研究，规范完善祭冬仪式流程，征集三门祭冬文物，培养保护传承人，开展传承活动。预期目标：祭冬历史文化内涵得到整理，祭冬仪式流程、文物和传承人得到有效保护，传承队伍后继有人。

2016年计划措施：举办“三门祭冬节”民俗节庆活动，提升三门祭冬影响力和亲和力。预期目标：使“三门祭冬节”成为三门区域独特节庆品牌，建立和完善三门祭冬传承保护机制。

2017年计划措施：举办三门祭冬民俗论坛，探索保护祭冬节日文化，以三门祭冬为平台，培育“三门祭冬节”节日品牌。预期目标：交流、研讨活动成果明显，“三门祭冬节”区域民俗独特节日品牌形成。

2018年计划措施：编辑出版《三门祭冬》，举办“三门祭冬节”，展示三门祭冬保护成果。预期目标：《三门祭冬》一书编辑出版，“三门祭冬节”社会效益明显，宣传、保护机制有效形成。

三、进行三门祭冬风俗资源普查，以摸清家底。三门县文化部门组织相关人员对祭冬风俗进行全面普查、挖掘、整理，征集三门祭冬历史文献和习俗文物；利用现代数字传媒对三门祭冬传统仪式流程和习俗进行实况拍摄。把三门祭冬相关场所、景点、实物纳入保护范围，落实保护人员，制定保护措施。把普查获得的三门祭冬艺术资料以实物、录音、录像等形式作永久性保存，建立全面反映三门祭冬基本面貌的档案资料数据库。制作DVD，编辑相关丛书，开设相关网站，力求完整保留三门祭冬辉煌的过去，供后人探索研究。

四、狠抓三门祭冬传承人的培养，建立传承队伍并开展传承活动。传承和弘扬三门祭冬，首先需要做好普及工作，普及的基础是尽快培养造就一批素质较高，事业心强，又有开拓精神的三门祭冬传承人。近些年，三门县非遗中心和各乡镇街道文化站相继举办各类三门祭冬讲座，成效十分显著。这一工作主要是从三个方面进行的：一是以校园为培训基地，从娃娃抓起，对全县各村的冬至祭祖进行定期培训。二是下基层辅导，三门非遗中心和各乡镇街道文化站干

部，根据需要每年不定期下基层进行指导，还邀请相关专家送经传宝。2014年12月，省市专家到三门相关村指导观摩冬至祭祖，收到了良好的效果。三是举办三门祭冬重点村落培训班，为三门祭冬的传承和弘扬打下坚实的基础。

五、抓三门祭冬重点村建设，设立三门祭冬专项保护经费，为三门祭冬提供经费保障。近年来，三门县文化广电新闻出版局和三门县非遗中心协同乡镇街道文化部门在三门祭冬的重要流传村亭旁镇杨家村，让目前健在的老艺人传经授艺，并千方百计落实经费，建立首个原生态三门祭冬保护基地。在此基础上，拨出专项经费扶持各类三门祭冬重点村。目前，已在三门县范围内建立了多个三门祭冬重点村。

六、举办各类比赛活动。加强县内外、省内外的经验、技艺交流，进一步扩大三门祭冬的影响，提升三门祭冬的知名度。三门文化部门每年都要组织全县观摩研讨会，营造浓厚的文化氛围，为三门祭冬参与者提供交流经验、切磋技艺的机会，以推进三门祭冬的普及和提高。

七、抓三门祭冬理论研究，实现三门祭冬“质”的升华。强调三门祭冬实践活动的同时，还重视三门祭冬的理论探讨。三门县文化部门专门成立了三门祭冬研究会，经常组织专家对三门祭冬的发展史以及在艺术实践中出现问题的原因和对策进行深入系统的研究，从理论上搞清三门祭冬的来龙去脉，总结成功的经验和失败的教训，以保证三门祭冬这个民间风俗的瑰宝得到较好的传承和弘扬。

八、在继承的基础上求创新，在创新的基础上求发展。注重三门祭冬在特定历史阶段的原生态保护。原生态保护是一种继承，是将祖先的文化成果再现于今人，但这种保护不等于原封不动、画地为牢的保留。一代人自有一代人的审美需求，需要在继承的基础上求发展。三门文化部门对三门祭冬的保护，采取原生态保护和创新发展两个层面进行。一方面，把亭旁镇杨家村作为原生态三门祭冬的保护基地，把有里程碑意义的、曾经辉煌的三门祭冬版本原汁原味地再现于众人，以保护三门祭冬在特定历史阶段的基因和特质。另一方面，请专家学者在坚持原有基因和特质的基础上对三门祭冬的内涵和外延不断地创造和更新，依托历史，立足现实，尊重过去，面向未来，使三门祭冬真正成为既有丰富的历史底蕴，又有时代特色的新的民间风俗。

九、三门祭冬有较高的审美价值，也有较高的社会经济价值，让三门祭冬进入社会生活的各个领域，综合利用，为节庆活动助威，为旅游开发服务，并进一步开辟新的空间。

通过以上措施，可以更好地保护和传承三门祭冬民俗，使之真正成为二十四节气的活化石。同时，增强对本地文化的认同感和自信心，形成区域性文化样本，实现三门祭冬自身的繁荣和发展，让三门成为祭冬的繁衍基地、交流基地和研究基地。

附录

三门祭冬历代文献

嵝阳俞氏大宗祠碑文

宁海俞氏者，其先汴人也。宋南渡，徙浙之嘉兴。元至正间，坦斋徵君丁胡元之末，耻于仕进，始迁宁海学西。国朝永乐初，屏山避方氏祸，深自沉晦，乃择于县西梅村嵝阳而居焉。居既定，屏山欲创祠堂以祀祖先，率其子仲玉追念先志，卜地于居之左，为堂三楹，奉主其中。仲玉照为库藏、礼服、庋几、祭器，又置田四十八亩，以供祀事，岁时率子若孙以祭焉。因其子稳上京师请予记，刻石于堂，以遗其子若孙。

夫圣人之于人，子生必使之以养。曰："不能养，不足以称为子，必使为祠以祭之。"曰："不能祭，不足以称为子，是皆因人情之不能已者，为之非有所勉强也。然情无不尽，而祭必以四者，盖以渎，则不钦。不钦之，弊均于不能尽者，不得而逾之。夫缘情定礼，因礼达情，使本支百世展孝享之，诚而可以至于无穷，则屏山之贻谋，仲玉之肯构，皆所谓孝思维则矣。若夫簠簋笾豆，仪文度数，葬以士，祭以大夫者，亦圣人之制，君子所以衍之万世者也。自是崇祀者将益盛，而所以遗其子孙者亦无穷矣。"是为序。

赐进士及第、奉政大夫、右春坊左庶子兼翰林院侍讲学士、长沙李东阳撰文；赐进士及第、翰林院编修兼经筵讲官同修国史、钱塘李旻篆额；赐进士及第、嘉议大夫、四川等处提刑按察司、黄岩高瑛书丹。时皇明弘治岁次辛亥中秋望日志。

——录自民国《嵝阳俞氏宗谱》

纡岸叶氏祠堂记

礼曰："君子将营宫室，宗庙为先，厩库为次。"盖惟庙绥灵，而报本反始之道之所由行也，可不重哉。

予尝历阅当世自匮乏不能存者，无暇于礼义可诿也。其诸充裕之家，恒于居室乎！留心而建祠之举，谩弗加之意焉。此与豺獭能知所报者尚且不逮，况责之人乎！甚可慨也。

纡岸叶氏自五代时南徙，厥后为吾宁巨族，逮宋有云居先生，中咸淳五年进士，适宋亡遂隐。传至元末，其孙四梅先生挟《一纲三目策》，谒我太祖高皇帝于金陵。允合圣意，辞不受而归，惟以孝悌忠信礼义廉耻之学训其子孙，以淑诸乡人为事。又传至永乐间，有惠仲、夷仲二先生由乡荐，长任桂林府通判，次任常州府同知，居官有声，治家亦有法嗣，而代不乏隽，故乡称大姓，不忒矩度者，惟叶族稽焉。然其能积勤以拓业而富甲一郡者，则今西川君其人也。予尝闻其务本诚，乐施与，既为乡善人。

一日过其家，则见其居也。以址则土阶，以楹则散木，以栋宇则敝而弗完，以辅房则皆辅葺而弗整。予心谓其俭而或失之固乎！及游其东圃，又见其祠也。址则实实然，楹则穹穹然，栋宇则炳炳然，房庑则秩秩然，而复缭以垣，壁彩以门楣，周以器具，蓄以祀仪。且督其子，曰漾，为太学生者；曰注，为郡从椽者；曰渔，习举子业者。朝夕洁饬之，四时之祭一以敬行焉。予乃作而美之曰：西川其贤而中礼者乎！穷欢夫奉身之风，炽追远之念，微如前之不逮，犲獭者何限也。能如君之建祠十无六七焉，能如君之先祠而后居十无二三焉。昔大禹克勤俭人也，孔子赞之曰："吾无间然矣。"非饮食而致孝乎，鬼神恶衣服而致美乎，黻冕以其丰俭得宜也。君以居如彼其陋，以祠如彼其新，仰视禹之勤俭，得中宛然一家法也哉。我太宗文皇帝首谕永春侯曰："为庶人，能继家业不失坠，或又能扩充增益于前，可以为孝士。为官食禄，能持身循理，建功立业，荣亲于当时，显名于后日，可以为孝。"由前而言，君成庶人之孝矣；由后而言，三子者能无成士之孝乎。诗云："孝子不匮，永锡尔类。"此之谓矣，予因嘉其事而并记之，以申宗祏于无疆，而胤厥后者当所自矣。

君名璜，字莹玉，西川其别号云。

嘉靖辛亥春正月之吉，敕授南京承直郎、应天府通判、邑人一山包湘顿首。

——录自光绪《纡岸叶氏宗谱》

坎下金宗祠记

闻之礼“君子将营宫室，宗庙为先”。孝经云：“为之立宗庙，以祭享之。”古人兢兢于宗庙之设者何也？盖所以报本追远，尊祖敬宗，永言孝思于不忘也。乃不曰“宗庙”，而曰“宗祠”者何也？抑又闻之王制。天子七庙，诸侯五庙，大夫三庙，士二庙，庶人则祭于寝。今不曰“庙”而曰“祠”者，别于所尊也。且《尔雅》释文曰“祠者，祀也”。所以祀于其先也，则知宗祠之建，谓非人生所急务哉。

兹坎下金刘氏前此未有宗祠，只有庵堂一透。屋不甚高大，中设佛像数尊，村中人每月朔望拜经礼忏，口诵弥陀之所也。后刘氏各房诸耆英慨然发仁孝之心，群相聚而言曰：“拜经礼佛，无非行善修道为终身计。夫人有百行，孝为先。肇修人纪祖宗为大宗祠之建，正所以妥祖宗，广孝思也。”族中无小大，众口交赞，乐为从事。于是审择地基，惟佛堂之处四围基址开阔，遂于乾隆年间吉日良辰移佛堂于东首，建宗祠中间，既而创横楼于两庑，复造平屋三间为大门。堂宇深峻，垣墙巩固，诚壮观也。迨至嘉庆复于祠前建造戏台一座，三面玲珑，檐牙高啄，诗所谓鸟革翚飞者，不是过也。

村中每年于岁晚务闲时演戏酬神以为乐，即古所谓报赛田事之乐歌也。夫宗祠与谱籍同为报本追远之事，既宗谱重修，业经告成，嗣是积贮公资，复于宗祠中间建造神座一台，序立累代昭穆神主。于每年冬至日，载尔清酤，陈尔黍稷，以飨以祀，以侑以妥，以介景福

者。谓非仁人孝子所不容已之事，为刘氏后者。如果然也，则祖宗有所凭依，而子孙之获福自无疆矣。是为记。

屏山陈西园志。

——录自民国《宁海刘氏宗谱》

吴都柯氏祖祠考

夫家庙之置，本为报本反始而设也。自天子至于庶人，皆惟有庙，序昭穆而所以展孝思。胥于此寄之，仲冬祭始祖，立春祭先祢，古礼已有训。

吾家宗祠，历世已久，湮废无征。尝闻诸故老先传，其地名曰“祠堂坦”者，在五溪之南，鉴山之西，遗址二三亩许，一片荒芜，尚有可据，但未知其废于何时？

迨嘉靖壬子年，族贤蕃尚辈恨此为缺典，交口同心，汲汲于祖祠之复。督率子姓，不越月，闻贮金百两，以四十金买基于书堂之南，以五六金买厅事五间，创凑东西两偎，杰构一所，落成于癸丑端月之初焉。

堂成送主入祠，每年冬至节，上下二派轮祭，合用猪羊、肴核、面食、华筵、酌献、焚币等项，当照常营办。凡在三八府君下者，莫不衣冠虔诚拜祠下，洗心涤虑，垂听皇训，以为一家之规。其在当时似为盛举，惟愿庙貌后天地而终，子孙钟山川而秀，读书好礼光显德，则斯祠宁不代增其高，世伟其望乎！所孜孜而怯怯者，祀田未置，《礼》曰："士有田则祭，无田则止。"今无田恐非久远之计，如有继今而作者，不拘多寡，或能积丝成缕，积缕成匹，亦可谓补先人之所不及矣，而孰谓非继述之大孝耶。其祠之四至广狭画演一图，详识弓口于左，以为守不敢刊之典云。

——录自民国《吴都柯氏宗谱》

黎氏祖祠义像录

盖自圣人立极制之五典，三坟垂功；立勋以诏后世，不忘遗德。重之台阁，仪型塑像，禴祀蒸尝，皆不敢绝其先德而报其功烈也。国之义其臣者如此，家之敬其祖者，为何如哉？生必以孝奉，死必以敬祭，孝敬之外，亦必有孝子顺孙，羹墙仪容追思之切，望之惶惶，从之弗及，求之不得，由是绘轴笔容以尊奉之，享祀丰洁以追远之。曰：吾祖宗威严若是，则后世亲亲之德又若是也。

吾始祖汝恒公自从邠州有功于汉室，至孝桓皇帝继封昆季三人为王侯爵位。后汝恒公遭乱，漂航正屿，居宁海。曾祖任周少师，丹叔父之容，绘颜于后而表饰焉。厥嗣有尚书太保，为国爱民，功垂史册，塑容像于灵康庙左右，复图形于大宗祠，故礼曰："家必有庙，庙必有主，月朔必荐新。"春秋祭祖，弥者是也。诗曰："永言孝思，孝思维则。"此之谓也。

绍定辛丑年仲春秋吉旦，熊安节度使嗣孙公奭谨书。

——录自民国《马湖黎氏宗谱》

小岭下陈氏冬至祭礼仪式

宗祠冬祭者多，清明墓祭者少。吾乡，清明、冬至以分酒食，分猪肉，分馍糍相夸耀，而于祭礼懵然不讲，甚非敬祖之道。《曲礼》曰：“礼从宜，使从俗。”今以朱子《家礼》为准，参以时俗，定为仪节，载入宗谱，俾吾同族之人有所兴起焉。

先期一日，主祭者斋戒，备猪羊，具酒馔蔬果，择请房内十二人助祭。

至日，主人及助祭者齐集宗祠。鸣金擂鼓，起大乐。开门放炮，奏细乐。序立，当阶对揖，神位前对揖。引赞者领主祭者至盥洗所盥洗。省牲，省祭品。执事者进酒，奏大乐。主祭者酹酒降神，放炮，三叩首，兴。掌号上堂，肃静。主祭者香案前跪，三上香，三叩首，兴。上堂至十世祖××府君偕妣×氏神位前跪，三上香，三叩首，兴。引赞者领主祭者至追远堂一世祖××府君偕妣×氏、二世祖先××公……神位前跪，三上香，三叩首，兴。复位，进毛血，三叩首，兴。执事者进杯箸，进酒。主祭者上堂献杯箸。执事者进细点，进椒医硎盐。主祭者上堂行初献礼，神位前跪。献细点，献椒医硎盐，三叩首，兴。执事者进酒馔于追远堂，引赞者领主祭者至追远堂神主前跪，初献馔，再献馔，三献食，奠酒，三爵并献，三叩首，兴。复位，三叩首，兴。执事者进中馔，主祭者至堂行亚献礼，神位前跪。献中馔，奠酒，三叩首，兴。执事者进大馔，主祭者上堂行三献礼，神位前跪。献大馔，奠酒，三叩首，兴。执事者进食，主祭者上堂献食，侑食，东位打恭，转过西位打恭，下堂复位，三叩首，兴。执事者进羹饭，进茶，进盥洗。主祭者上堂，神位前跪，献羹饭，献茶，捧盥洗，三叩首，俯伏，止乐，读祝。读毕，放炮，三叩首，兴。助祭者及子孙皆跪，三叩首，兴。主祭者至追远堂前跪，三叩首，兴。礼毕 乃撤。

——录自光绪《岭下陈氏宗谱》

吴岙吴氏冬至祭祖赞礼

伏以祖德之世泽，渊源勿忘有自，孙支衍庆，追报应在及时。兹当冬至，逢时拜献庙祠，礼义既备，庙下孙支，排班序立。鸣锣，鼓吹，放炮。执事者各执其事。主祭者出班，净手拭巾，就位，整冠束带，撩衣进步，至向坛前跪。焚香，初上香，二上香，三上香，香入金炉，具，退躬。初叩首，二叩首，三叩首，具，敬向案前跪。行初献礼，酌酒，滴酒，奠酒，进于始封祖考祖妣前；初献酒，进于始迁祖考祖妣前；初献酒，进于各世祖考祖妣前。初献果，进于始封、始迁、各世祖考祖妣前。初献汤，进于始封、始迁、各世祖考祖妣前。初献肴进于始封、始迁、各世祖考祖妣前。初献馔进于始封、始迁、各世祖考

祖妣前。初献食进于始封、始迁、各世祖考祖妣前。初献已毕，主祭者上堂侑食，打躬，整筷，作揖，退躬。就位，跪，叩首，二叩首，三叩首，具，至向案前跪行再献。再献酒进于始封、始迁、各世祖考祖妣前（再献可以省去果）。再献汤，进于始封、始迁、各世祖考祖妣前。再献肴，进于始封、始迁、各世祖考祖妣前。再献馔，进于始封、始迁、各世祖考祖妣前。再献食进于始封、始迁、各世祖考祖妣前。再献已毕，主祭者上堂侑食，打躬，正酌，作揖，退躬。俯伏，宣读祝文，具，跪。叩首，二叩首，三叩首，具。主祭者敬向坛前跪，行终献礼。终献酒，进于始封、始迁、各世祖考祖妣前。终献汤，进于始封、始迁、各世祖考祖妣前。终献肴，进于始封、始迁、各世祖考祖妣前。终献馔，进于始封、始迁、各世祖考祖妣前。终献食进于始封、始迁、各世祖考祖妣前。三献已毕，主祭者上堂侑食，打躬，正饭，作揖，退躬，跪。叩首，二叩首，三叩首，具。献刚鬣、献柔毛、献五牲、献五素、献羹、献饭，祭毕退班。焚纸财，焚祝文，发炮，鸣鼓乐，退班。

——录自民国《吴岙吴氏宗谱》

海游章氏冬至赞礼引

延惟我全城，积德绵优觞。好只是庆年年，兹当长至佳节，牲礼备陈，昭穆咸在，爰报祖德宗功。主祭者诚敬以尽孝思，从祭者恪恭以襄职事，庶几神格于上，福绵于下焉。主祭者伫立，灌沐，进位，拈香。初上香，二上香，三上香，复位，四拜。进位献酒，初献酒，酒授职事，传奠中位，前奠东位，前奠西位，前复位，四拜。进位献酒，酒授职事，传奠中位，前奠东位，前奠西位。前献食，食授职事，传奠中位，前奠东位，前奠西位，前复位，四拜。初献已毕，主祭者、从祭者俯伏，开读祭章，四拜。进位献酒，酒授职事，传奠中位，前奠东位，前奠西位。前献食，食授职事，传奠中位，前奠东位，前奠西位。前复位，四拜。进位献食，食授执事，传奠中位，前奠东位，前奠西位。前献黍稷羹饭，饭授执事，传奠中位，前奠东位，前奠西位，前复位，四拜。三献已毕，主祭者、助祭者神前侑食，作揖，复位。从祭者献茶，茶授执事，传奠中位，前奠东位，前奠西位，前四拜，燎帛作揖退。

——录自民国《海游章氏宗谱》

城门曹氏祭冬定例记

木有本，水有源，尚矣！然本有支，而后奕叶繁；源有派，而后众流别。则支与派之不可没较然也。同族中一宅有一宅之祖，一房有一房之宗，犹木之有枝，水之有派，岂可统于一尊，而概不之及哉。

我族前例冬至定南北三房，如是则在庙，由本及末，一气相贯。从流溯源，万派朝宗，上可以萃祖宗之灵爽，下有以合于子姓之欢心。此亦合族，以为稍安，敢云百当于祭统乎！在值祭者，当牲醴丰洁；助祭者，贵冠服整齐；盥献者，须致恭而致悫；执事者，务尽礼以尽心。孙子有肃雍之度，祖宗无怨恫之忧矣。若夫胙肉之颁，亦祖宗之惠也。例不可缺，则首及贤才。盖贤才者，列祖宗灵之所钟也。次在耄耋，盖老者列祖精气之所聚也。至于鼓吹之设，乃享祀侑食之意，燕私之备，亦和宗睦族之仪。即布彩悬灯备器备物，要皆尊祖敬宗之心，所积而深焉者也，岂徒为观美哉。总之列祖之飨，历万冀而不易，而子孙之例，随时势以制宜。

爰记其大，以遗后嗣，有水源木本之思者。

——录自光绪《城门曹氏宗谱》

吴岙吴氏冬至宗祠祭文

××年岁次××月朔望后×日，值祭裔孙×房××暨合族裔孙，谨以刚鬣柔毛，牲礼五事，清酌庶馐，时食之仪，致于始封祖延陵季子公、始迁祖十二宣议公妣叶氏宜人即各世祖考妣之神前，曰：

伏以葭灰乍动，一阳开天地之心；瓜瓞绵绵，百代景祖宗之德。此燔柴享帝，礼莫重乎圜邱，亦备物祀，先情尤殷于寝庙也。缅我语溪吴氏，延陵世系，渤海家风。南宋发祥，绵三让之至德；西周肇祀，今毕累汇之贻谋。膏之沃者光必耀，源之远者流自长。固已克昌厥后，螽斯麟趾发千祥；岂其无忽尔先，忘春獭秋豺之报。兹当至日，典重冬蒸，庆万宝之俱成，羞百笾之灵品。馨香上荐，达乎阴而达乎阳；授忾遥通，如有闻而如有见。所冀绥予孝享，降室陟庭，赉我思成，延庥袭庆。晋长庚之酒，五百年之铜荻长摩；荷小卯之锄，十千岁之金镶乐取。人才鹊起，则武纬而文经；俊杰蝉联，亦芹香而桂馥。以似以续，寝炽寝昌，庶几门祚增辉，弗替家声，语溪世德，宗祊奏格，永隆祀事。来歆来格，伏以尚飨！

——录自民国《吴岙吴氏宗谱》

蜍下陈氏冬至祭文

维××年岁次××月××日冬至佳节，裔孙××率合族子子孙孙，谨以菲薄之仪，致祭于始祖考妣以及列祖列宗考妣之神位前，曰：

千秋万代，岁月沧桑，倍觉荫泽遍宇宙；蓝天白云，高山仰止，共浴遗风荡乾坤。

吾族如今支繁派衍，扎根五洲四海，后嗣振振业绩隆隆如日中天，方兴未艾，皆祖先列宗之功德。值此冬至之节，唯明烛清香，壶中黄酒，水化豆腐，刀头静肉，几盘肴馔，聊表思祖之情。

伏愿世祚绵长，长江后浪推前浪，芝麻开花节节高，人才辈出，青松巍然入云霄，米鱼化龙跃龙门。统祈鉴临，伏惟尚飨！

——录自《蟾岩陈氏宗谱》

海游章氏长至祀祖祭文

亚岁佳节，三极昌期。阳初动处，物未生时。太音声寂，元酒味

漓。云吐神气，引发孝思。日月联璧，宗祖凭尸。春含梅蕊，苞起孙枝。璋瓒必醴，牲牷[1]必牺。豆登维醢，簠簋维粢。魂闻熏降，魄视灌随。考妣咸列，享尝靡遗。诚通正祔，义合坛壝[2]。无本不报，无远不追。鉴兹禋祀，赐以福禔。燕翼麟趾，瓜瓞螽斯。绳其祖武，贻厥孙谋。云礽天启，子姓曰熙。象观物瑞，祥发综垂。水源木本，时至祭宜。骏奔对越，祝赞陈词。歆我灌献，佑我宗支。尚飨！

主祭曾孙素薰沐拜撰。

——录自民国《海游章氏宗谱》

吴岙吴氏冬至宗祠祝文

伏以履端肇庆，首祚迎祥，爰奉先而怀燕翼，敬入庙以叩鸿禧。兹当冬至良辰，进诸庶而拜献，枣糕礼仪即备，庙下孙支，排班序立。主事者出班，净手拭巾，就位，整衣冠，撩衣进步，至向坛前跪。执事者焚香，初上香，二上香，三上香，香入金炉，具，退躬。跪，初叩首，二叩首，三叩首，具。跪，叩首，二叩首，三叩首，退。俯伏宣读祝文，退。跪，叩首，二叩首，三叩首，退班，奏乐发炮。

——录自民国《吴岙吴氏宗谱》

[1] 牷：古代用作祭品的纯色全牲，下同。

[2] 壝：古代祭坛四周的矮墙。

杨家杨氏祭冬祝文

岁次××年××月××日，兹当冬至良辰，宜应祀祭。主祭裔孙××，陪祭裔孙××、××，率亭旁杨氏子孙，谨以刚鬣柔毛、佳肴珍馐、香花灯烛之仪，致祭于杨氏本门列祖列宗之灵前，祝以文曰：

鸦有反哺，羊亦跪乳。尊祖敬宗，人伦之道。杨氏子孙，合族致祭。追溯杨氏，鼻祖叔虞。桐叶封弟，分土列疆。晋室唐侯，本自武王。叔向遗直，受邑于杨。子孙避难，仙谷隐藏。易姓杨氏，源远流长。关西孔子，出自弘农。四知拒贿，清白传家。杨隋文帝，万古流芳。杨门虎将，代代英雄。静恭四院，浙闽淮蜀。我祖浙院，肇自钱塘。荣伴兄弟，始迁松坛。杨公镇龙，揭竿起义。抗击元军，建国大兴。兵败家焚，分迁各村。乃祖宁公，避处亭林。亭山苍苍，湫水泱泱。双龙戏珠，集结宁和。亭山并峙，旁水长流。得名亭旁，万古流芳。狮昂其势，虎踞其形。凤栖丹山，鹤立南麓。可耕可读，亦工亦商。地灵人杰，子孙繁昌。迁祖宁公，宋代进士。浙漕运使，抗元功高。明代珏公，刑部主事。皇帝制诰，句句表彰。刑罚清正，子民必服。使刑不滥，子民不冤。康熙年间，总兵洪公。收复台湾，三十六岛。功劳卓著，清帝褒彰。良臣名士，科甲蝉联。文有相，武有将。家吉昌，族兴旺。子孙孝，冬至祭。请梨园，演大戏。瓜瓞绵绵，永发其祥。祖灵不昧，伏惟尚飨。军界少将，抗日英豪。政界部省，治国有方。科技博士，世界名望。实业经济，名冠当世。政通人和，百业俱

兴。奋发图强，巨龙腾飞。中华和谐，两岸同宗。同心合力，九州大同。杨氏子孙，枝繁叶茂。第六大姓，遍布全球。出类拔萃，后继有人。精诚团结，加强族谊。共缅先祖，追远慎终。秉承祖训，传扬家风。发家致业，富村强国。伏惟尚飨，告慰祖宗。

——录自《亭旁杨氏宗谱》

小蒲林氏祭冬祝文

岁次××年×月×日冬至佳节。炎黄热土，南瞻部洲。缑邑小蒲，林氏裔孙。合族设筵，银烛辉煌。祭祀蒸尝，随分供养。净壶清酒，水花豆腐，刚鬣柔毛，八爪金鸡，米粮金条，状元糕块，长寿面条，文房四宝，羹饭数桌，致祭于林氏列祖列宗位前。曰：

物本乎天，人本乎祖。缅怀先祖，其心当诚。一四天下，南瞻部洲。荣业之基，上和下睦。追溯林氏，鼻祖比干。长林得姓，西河衍派。九牧林家，忠孝流芳。世泽长流，莆田遗范。少师忠烈，庆流绵绵。天不压直，间生世贤。唯我九牧，振后光前。相与力学，草堂青毡。指部为誓，伯仲志坚。合浦赋就，杨叶果穿。东堂桂枝，折无虚年。飞归梨岭，雁序影联。纡朱泄紫，画锦俱鲜。虎符分剖，五马着鞭。横行瓯粤，谁与比干。残膏汉兴，有永其传。粤有兰谷，鲁岩之巅。实惟我祖，怀德敬天。增倍福地，松柏秀挺。孝思奉先，尔孙瞻拜。本族始祖，大使襄公。出自鸡鸣，徙居小蒲。茶山之阳，创基立业。稽查盐务，忠于职守。忧国忧民，名重天壤。顾瞻祖德，庇子荫孙。勤耕俭读，光昭万代。生息延绵，人杰地灵。人才辈出，万派同源。八闽流风，十孝出悌。敦伦睦族，显耀北闽。九牧传芳，仁宗皇帝。首谱御书，“忠孝”两字。赐诗一首：“忠孝有声天地老，古今无数子孙贤。”今日聚堂，薄奠爰陈。祖灵降至，域神莅临。鉴吾端行，览宗兴盛。聿起祈佑，族沐恩光。世世英豪，资财至旺。环宇布道，林氏族众。根枝繁茂，仰祈庥佑。老者如山不动，少者如水长流。读者文星高照，耕者五谷丰登，商者一本万利，工者捷报频传，仕者平步青云。裔孙遐思，得以如愿。伏惟尚飨！

——录自民国《小莆林氏宗谱》

纡岸叶氏祭冬祝文

维岁次××年×月×日，兹值冬至良辰，当祭祖宗，请于宗谱，奉于灵前。主祭人××，携纡岸子子孙孙，谨以五牲香帛之礼，清酌果品之仪，至诚至敬，公祭于吾族列祖列宗之神像前。曰：

开天辟地，万物启始。乾坤奠基，世代荣芳。世间生灵，均有本根。尊祖敬宗，人道常伦。至日吉冬，兆征吉祥。祈祖庇佑，世代隆昌。始祖源远，脉承炎黄。文王梦熊，丹荆拓疆。复赐芈姓，楚王浩荡。庄霸春秋，战国列强。吾祖叶公，气宇轩昂。平定白公，封叶流长。谈时论政，孔子敬仰。才学品德，后世效仿。汉望渡江，泽辅万

方。地灵东蕃，人萃宋邦。盛唐太安，携子徙台。杨顺始祖，进希太公。宣宗双将，奉旨东征。景迁景湘，旗开得胜。迁公嫡孙，徙居纡岸。始祖仁赞，枝繁叶茂。苗裔绵绵，人才辈出。五谷丰登，人丁兴旺。纡岸风景，山清水秀。地灵人杰，二朝国柱。大宋云居，十七进士。皇明叶兑，饱览经书。四梅太祖，献策元璋。一纲三目，定统山河。皇明洪武，朝晋四梅。许封高爵，婉拒不受。归隐植梅，教授族孙。善耕勤学，思国忧民。盛明永乐，受牵方学。合族蒙冤，沦亡在即。太祖叶兑，五脏煎急。八十高龄，夜驾金陵。冤狱昭雪，祖卒京南。本宗尚存，皆赖先生。刑部主事，夷仲见泰。章政闻世，兰庄稿集。逢恩惠仲，文章卓越。太子莫胜，桂林同知。祖有四贤，两朝双柱。入府贤祠，美誉流芳。群英荟萃，辈出贤良。布及遍地，难数难序。亦如章莆，财盈万贯。为灌民田，舍尽家财。田水盈盈，金谷灿灿。仓满腹果，民感其恩。思源报本，奉祀不忘。当此吉冬，济济一堂。千万裔孙，同根一桩。缅怀先祖，秉承祖训。敦亲和睦，联谊昌国。告慰祖宗，佑福子孙。伏惟尚飨！

——录自光绪《纡岸叶氏宗谱》

仙岩大忠祠冬祭祝文

维××年××月××日，台州府知府某行委某，谨以牲帛庶馐之仪，致祭于大宋丞相信国文公之神。曰：惟公元魁之文，圣贤之学，忠贯日月，义倾华岳，间关海道，台有遗踪，建祠崇祀，百世以风。维时仲秋，谨以牲帛，醴斋庶品，式陈明荐，以从义司农卿杜浒、都巡胡文可、环卫吕武、义士张和孙配。尚飨！

——录自乾隆《仙岩大宗祠录》

吴岙吴氏冬至宗祠告庙文

伏以一元乍转，万象怀新，仰籍乾坤之悠久，幸蒙祖德之宏深，敬效庆新故事，聊申报本微忱。兹当××年岁次××月××日冬至良辰，济济入庙，敬祖宗新岁，行行排列，俱稽首明禋，粥面糕桃，合柏酒椒觞而并贡香烛茶果，偕梅花爆竹以咸陈。伏冀在天之灵，咸同嘉享；庶几笃庆之佑，迪启后人。桂馥兰芳，引孙支于弗替；腾蛟起凤，绵福禄合骈臻。谨祝！

——录自《吴岙吴氏宗谱》

海游章氏祀产引言

祖祠之有祀产，犹居家之有恒业也。家无业，则仰事俯畜无所资衪，无产则春秋祭献无所备，追远报本之谓何而顾，可以偶缺耶。故朱子《家礼》云：“凡人家分居，必先置祀产，所以重祖宗崇祀事也。”我族自遭兵燹，祀事几缺，幸有一二孝子慈孙，竭力图维，多方积置。更有乐捐田亩，其广孝思，所以庙貌栋宇庶几复新，牲牷粢盛

约略云备，藉非产之所资，几委先灵于草莽矣。

谨将田地坐处并捐资人名开列于左，以垂不朽，后之人其敬承之勿替。

虚白素谨识。

——录自民国《海游章氏宗谱》

狮峰任氏遗训略引

……祭祀所以事神而宗庙为先。古者家必有庙，月朔必荐，新时祭用，仲月自天子达于庶人一也，惟等威不同耳。不疏不数，有典有则，所以竭孝思、报本始，而纲纪人道之始终也。

吾家自始迁至此，斯文与产业俱成，他如宫室庙社，纷纷交举，独于宗祊一事落落无成，岂以其可缓也。良由子弟饱食终日，博弈成风，而宗法不立，总理无人耳。尝闻先世训戒，此地旺相后嗣必昌，异日若建大宗祠堂，当在东方择一善地。不惟得展追远之情，且以补生气之不足。如清虚堂之南，大樟树之间，大横路之北，任卜基址以广缔造。外与社庙相应，内与人居连接，南有通衢为界，北有坐山为倚，于此开拓门墙，造设舍宇，则永奠世镇，所谓水口不通舟者是也。世业安得不久远乎！毋听迩言，肆意妄更，或南或西或北或中央，皆招殃致凶，以贻后悔，此固专以地理言也，殊不知实与吾儒之道相合。

尝按文公《家礼》有云：凡居大宗祠当建于东方，不可太近亦不可太远，盖太近则人烟秽杂相间，祖宗之灵爽不安，太远则天时晴雨不常，男女之出入未便。今遍稽典籍，皆云东方并无与文公异者，然则东方乃建祠定论无疑矣。

大明嘉靖十四年岁次壬戌孟冬中浣谷旦，时厅房派下八世孙镫谨识。

——录自民国《狮峰任氏宗谱》

城门曹氏合族规则

冬至值年，首事须于冬至前一日，入祠修洁。宗祠用鼓吹六名，灯几对，灯彩辉煌，各执事绅衿老人俱当入祠，煖冬谒祖，不到者罚。

冬至日宜早晨虔备荤素肴馔几席，每席九大碗，汤三食三，花筵数盘，猪一羊一，若盘数缺少者罚。

冬至撤馔后，又须备果酒几案，是夜悬灯，各首事在祠办公者，其茶烛俱是头首理值，至岁终。除夕、正月十四夜、清明、七月半四节俱要备烛上灯，至于正月十五、十六夜亦要头首备灯上灯，违者罚。

主祭应要议长孙或值年者本房长孙亦可，执事每年悬单，司礼二人，赞礼一人，司香二人，司酒三人，司帛二人，务须严肃，失礼者责。

冬至入祠者，皆当衣冠整饬，如十六以上不整衣冠罚，绅衿无

故不到者罚，童生不到者叱。

领胙肉。主祭一斤，若主祭又系绅衿依例加数，绅衿、监生二斤，贡生三斤，一榜四斤，两榜六斤，吏目一斤，老人七十者一斤，八十者二斤，九十者三斤。

燕私酒食九大碗三汤三食，每桌六人，桌数随时不定，几诸执事、绅衿及老人各宜礼侍，违例者罚，仍叱重礼。

婚嫁纳采，男女酒席，前例本房俱要礼席。今自五服外，听其自便，盖时异势殊应随时制宜，非减旧例也。

……

右族规一十八条，上通祖宗之志，下汇子姓之情，酌古准今，随时定例，后有不遵者当以不孝论。

——录自光绪《城门曹氏宗谱》

城门曹氏家则

小引：家之有则，犹国之有法也。国法所以定民志，家则齐一众心，不执于法，有则可齐，不准于则，有罚可稽，采择要言，以敬后世，世世相传，永矢勿谖。

立祠堂以奉先世神主，正旦必参，时祭必定，其式并遵文公《家礼》，行会拜之仪。

祠堂乃报本追远之地，每房值年宗子，时当洒扫，勿许留亵秽之物，以渎神灵。凡一切祭器，不许轻借他人。

祭祀务在孝敬，以致其诚，或有行礼不恭，跛倚以临，一切失容议罚。

祭礼不得过期，祭品不得苟简，以亵祖先。如过期苟简者罚。

坟墓竹木不得剪伐，其平塌浅露者子当取洁土掩之，更立石、刻石不致湮没难考为妙。

凡婚姻不拘远支近支，俱行庆贺，以致族谊，不得视同陌路。

婚姻乃人之大伦，凡纳采告请，其亲迎之礼，人多从应遵《家礼》为是。

婚有古亲再结者，须考从来，明分上下，毋得贪贿，以致渎伦，在五服外别房者不拘。

子孙须恂恂孝友，实有文家气度，斯为望族。接见长者，坐必起，行必随，应对必称名。

子侄有极贫无靠者，必在亲支伯叔抚养，不可听其伶仃流落，致陨传薪。

后生斗殴当自责，其子弟或解纷劝息，不得维护，争胜致伤和气，以乖族情。

以上家则共十一项，亦属敬祖垂谋之举。凡有父兄子弟者必时加申说叮咛，不致视若弁髦，其有造于宗族也大矣。

——录自光绪《城门曹氏宗谱》

后记

又一个冬至节即将到来，《三门祭冬》终于付梓，我感到无比欣慰。这本沉甸甸的书，既是对三门祭冬保护工作的阶段性总结,也是我们多年研究成果的一次集中展现。

不忘初心，方得始终。从2007年开始，非物质文化遗产的保护工作，已经开展了十余年。十余年的时间，在历史的长河中不过一瞬，但在挖掘、收集、整理、研究非遗的道路上，足以留下一串串可圈可点的足迹。我们顶着酷暑，冒着严寒，在乡间地头行走，在灯下纸上耕耘，身体力行，埋头苦干，见证了我县非遗保护事业从无到有再到不断发展的历程，一路的艰辛和收获的喜悦都令人难以忘怀。

三门祭冬项目是我县非遗保护工作的杰出代表，凝聚了许多人的心血和汗水。多年来，我们积累了大量文字素材和图片资料，早就准备写这样的一本书，以此展示三门祭冬的历史渊源、内容形式和文化价值，弘扬冬至文化，传播中华文明。《三门祭冬》列入浙江省非物质文化遗产代表作丛书并顺利出版，使我们得偿所愿。

本书的编撰，得到了各级领导、有关专家的关心和支持，也得到了一些有识之士的重视和帮助，在此表示衷心的感谢！同时，感谢杨兴亚、杨成来等传承人为本书提供了大量信息，感谢陈兴长、陈彩省、陈维连、胡传斗、郑志狄等摄影家为本书提供插图，感谢所有为我县非遗保护工作奉献力量的朋友！

由于本人所学有限，纰漏与不足在所难免，敬请批评指正。

编著者

责任编辑：方　妍
装帧设计：薛　蔚
责任校对：高余朵
责任印制：朱圣学

装帧顾问：张　望

图书在版编目（CIP）数据

三门祭冬 / 陈澍冰, 戴思佳, 陈建华编著. -- 杭州: 浙江摄影出版社, 2019.6（2023.1重印）
（浙江省非物质文化遗产代表作丛书 / 褚子育总主编）
ISBN 978-7-5514-2449-3

Ⅰ. ①三… Ⅱ. ①陈… ②戴… ③陈… Ⅲ. ①二十四节气—风俗习惯—三门县 Ⅳ. ①P462②K892.18

中国版本图书馆CIP数据核字(2019)第101833号

SANMEN JIDONG
三门祭冬
陈澍冰　戴思佳　陈建华　编著

全国百佳图书出版单位
浙江摄影出版社出版发行
地址：杭州市体育场路347号
邮编：310006
网址：www.photo.zjcb.com
制版：浙江新华图文制作有限公司
印刷：廊坊市印艺阁数字科技有限公司
开本：960mm×1270mm　1/32
印张：5
2019年6月第1版　2023年1月第2次印刷
ISBN 978-7-5514-2449-3
定价：40.00元